# うちの豆皿つまみ

## 極上レシピ

# はじめに

豆皿つまみは、楽しい。

小さなお皿にちょこんと盛られた料理は、
盛りつけにこだわらなくても、見栄えよくおいしそうに見えます。
それを何皿か並べるだけで、食卓が盛り上がりますし、
酸っぱいもの、甘辛いもの、こってりしたもの……と味の変化も楽しめます。
豆皿つまみは、基本的に少量で作るので、
材料はあれこれ使わず、調理時間もかかりません。
翌日以降もおいしく食べられるものは、
多めに作っておいて、冷蔵庫から出して盛るだけ。

豆皿とは、3寸（直径約9㎝）程度の小さな皿のこと。
ちびちびつまむようなおつまみだったら、このサイズがベストです。
ただ、この本ではいろいろな豆皿つまみをご紹介したいので、

料理に合わせて、ひと回り大きいサイズの皿も使っています。
また、和の皿だけでなく、洋の皿、アジア～中近東の皿など
世界中の小さな皿が登場します。
和の皿にアジアの料理、洋の皿に和の料理を盛るなど、
小さな豆皿の世界を自由に楽しんでください。

今回、豆皿つまみを提案してくれるのは、
お酒好きな方や、プライベートでもおつまみを作っている方ばかり。
それぞれのお酒の楽しみ方、おつまみに求めるもの、
簡単においしく作る工夫などもたっぷりとご紹介します。
また、使っている豆皿はすべてお手持ちのもの。
料理と豆皿の組み合わせ方も参考にしてみてください。

いつものお酒と豆皿つまみで、一日の終わりにほっとできるひとときを。

［本書の決まり］
＊大さじ1は15mℓ、小さじ1は5mℓ、1カップは200mℓです。
＊レシピに記載してある加熱時間、保存期間は目安です。
お使いの調理器具や環境によって変わりますので、
様子を見て調整や判断をしてください。

# 目次

## 1 榎本美沙さんの発酵つまみ

## 2 ［中華可菜飯店］五十嵐可菜さんのあっさり中華つまみ

## 3 ツレヅレハナコさんのスピードつまみ

## 4

「按田餃子」
按田優子さんの
## 乾物つまみ

## 5

サルボ恭子さんの
## フレンチつまみ

## 6

瀬尾幸子さんの
## 昭和の横丁つまみ



Column

# 榎本美沙さんの 発酵つまみ

発酵食のうまみを上手に生かして、手軽でシンプルな料理を作るのがお得意な榎本美沙さん。おつまみはというと、ご主人は家でお酒を飲むことが多く、ご自身もおつまみのような小さなおかずを好むため、毎日のように作っているそう。

「ふだんの食卓は、大皿に盛るのではなく、小皿にそれぞれ盛り分けて、何品かを一度に並べるスタイルです。ごはんと汁ものとおかずという日もありますし、おかずだけ並ぶことも。お刺身もそうですが、豆皿に盛るだけでおいしそうに見えますよね。私の料理は使う食材が少ないため、色みが単色になりがち。色柄が美しい骨董の器は何を盛っても絵になるので、日々、豆皿に助けられています！」

京都の平安蚤の市や東京の大江戸骨董市、世田谷のボロ市などを巡って、少しずつ集めてきたという豆皿。

「和皿に洋食や中華を盛るなど、器選びも料理の楽しみのひとつ。たまに夫に器選びをお願いすると、意外な器をセレクトするので、新鮮な発見があります」

今回は、発酵食の中でも身近なみそ、塩麹、ナンプラー、黒酢、甘酒の5種を使った料理をご紹介。素材ひとつだけでも、調味料をあれこれ組み合わせなくても味が決まるのが、発酵食の魅力です。

えのもと・みさ

料理家／発酵マイスター。発酵食品、旬の野菜を使ったシンプルなレシピが好評で、テレビ、雑誌などで活躍中。オンライン料理教室「榎本美沙の料理教室」主宰。登録者数35万人を超える。YouTube「榎本美沙の季節料理」、Instagramも人気。発酵をテーマにした著書も多数。

## 1

濃厚なうまみが後を引く

# チーズのみそ漬け

→レシピ p.10

## 2

ささっと炒めるだけ

# 豆苗の塩麹のりナムル

→レシピ p.10

## 3

お刺身のエスニック風

# サーモンのナンプラーなめろう

→レシピ p.11

## 4

さっぱりして食べやすい

# 黒酢味玉

→レシピ p.11

## 1 チーズのみそ漬け

フレッシュなモッツァレラチーズも
みその塩気とコクをまとうと
ちびちび食べたい濃厚なおつまみに。

**材料**（2～3人分）
モッツァレラチーズ　1個（100g）
みそ　大さじ2
みりん　大さじ1
粉山椒　適量

**1**　モッツァレラチーズの周りの水分をキッチンペーパーで拭く。
**2**　みそとみりんを混ぜ合わせる。
**3**　ポリ袋にモッツァレラチーズ、**2**を入れてなじませ、冷蔵庫で1～2日おく。
**4**　食べやすい厚さに切って器に盛り、粉山椒をふる。
＊みりんのアルコールが気になるなら、耐熱皿に入れてラップをかけずに、電子レンジ（600W）で40～50秒加熱する。

みそについて

秋田県の麹とみその専門店、羽場こうじ店の「特上㐂助みそ」がおすすめ。大豆の3倍量もの麹を使って仕込んでいて、甘みがあり、和でも洋でもさまざまな料理に合います。米麹もこちらのお店で購入しています。

## 2 豆苗の塩麹のりナムル

塩麹の強いうまみとコクで
ほかの味付けは必要なし。
のりとごま油も加えて香りよく。

**材料**（2人分）
豆苗　1パック
にんにく　1かけ
焼きのり（全形）　½枚
ごま油　小さじ2
塩麹（右記参照）　大さじ1

**1**　豆苗は長さを半分に切る。にんにくは横に薄切りにする。
**2**　フライパンにごま油、にんにくを入れて中火で熱し、香りが出てにんにくがカリッとしたら取り出す。
**3**　豆苗を入れてさっと炒め、塩麹、焼きのりをちぎって加え、さっと混ぜる。
**4**　器に盛り、**2**のにんにくをのせる。

塩麹について

塩麹は市販のものでもよいですが、手作りするのも簡単なので、ぜひ作ってみてください。

◎**塩麹**（作りやすい分量）
米麹（生麹／常温に戻す）　200g
塩　60g

**1**　アルコール消毒などをした清潔な保存容器に米麹を入れ、かたまりがあればほぐし、塩を加えてよく混ぜる。
**2**　水200～250mℓを加えてよく混ぜる。湿度や麹の状態によっても変わるので、全体に水が行き渡る程度に調整する。乾燥麹を使用する場合は水250～300mℓが目安。
**3**　蓋をして常温におき、1日1回清潔なスプーンで混ぜて、4日～1週間程度おく。混ぜても表面が乾いていたら少量の水を足す。米麹がやわらかくなったらでき上がり。
＊日持ちは冷蔵庫で3か月ほど。

## 3 サーモンのナンプラーなめろう

脂ののったサーモンと
独特な風味のナンプラーはよく合います。
薬味を加えてより食べやすく。

**材料**（2 ～ 3 人分）
サーモン（刺身用）　150g
長ねぎ　5cm
青じそ　4 枚
ナンプラー　小さじ 1
松の実（いったもの）　適量

**1**　長ねぎはみじん切りにする。青じそは手でちぎる。サーモンは粗く刻む。
**2**　ボウルに **1**、ナンプラーを入れて軽く混ぜる。
**3**　器に盛り、松の実を散らす。

ナンプラーについて

ナンプラーは手に入りやすい一般的なものを使っています。魚を発酵させて作るしょうゆなのでうまみが強く、だしの役割も果たします。独特なクセがありますが、料理に上手に使うと奥深い味を生み出せます。

## 4 黒酢味玉

中をとろりと半熟に仕上げるには、
ゆで時間をちゃんと計ること。
ねぎだれをかけていただきます。

**材料**（4 個分）
卵　4 個
**A**｜黒酢、しょうゆ　各大さじ 2
　｜長ねぎ（みじん切り）　10cm
　｜にんにく（すりおろす）　少々

**1**　鍋に湯を沸かし、冷蔵庫から出した卵をお玉などで静かに入れる。7 分 30 ～ 40 秒ゆで、ゆで上がる前に氷水を準備しておく。
**2**　氷水に卵を入れ、10 分以上おいて冷ましてから水の中で殻をむき、キッチンペーパーで水気を拭く。
**3**　ポリ袋にゆで卵、**A** を入れてなじませ、冷蔵庫で 1 日おく。
**4**　半分に切って器に盛り、漬け汁を少しかける。
＊日持ちは冷蔵庫で 2 ～ 3 日。

黒酢について

鹿児島県の坂元醸造さんにオリジナルで作ってもらったtsumugi-te- の「黒酢もろみのにごり酢」。中国の黒酢とは違って薄い琥珀色で、複雑味がありまろやか。クセがなく料理の味を引き立てます。

右が黒酢味玉、
左がチーズのみそ漬け。
ポリ袋で漬けると
少ない調味料で作れます。

みそを使って

# 5 みそ漬け豚の香草和え

みそ漬けにして焼いた肉は、しっとりとしてやわらか。
濃いめの味の肉とさっぱりした香味野菜が
口の中で混ざってよいバランスに。

**材料**（2人分）
豚ロース肉（とんかつ用）　2枚（300g）
三つ葉　1株
青じそ　6枚
**A**｜みそ　大さじ2
　｜酒、みりん　各小さじ2
ごま油　小さじ2

みそは焦げやすいので、
焼く前にゴムべらなどで
軽くぬぐいます。
焼くときも様子を見ながら、
焦げないように調整してください。

**1**　豚肉の筋を切り、ポリ袋に入れる。混ぜ合わせた**A**を加えてなじませ、ひと晩冷蔵庫におく。
**2**　豚肉のみそをゴムべらなどでぬぐう。フライパンにごま油を弱めの中火で熱し、豚肉を入れて3分ほど焼く。豚肉の上下を返し、弱火にして蓋をし、さらに3分ほど焼く。
**3**　三つ葉は3cm長さに切る。青じそは手でちぎり、できれば氷水にさらしてシャキッとさせ、水気をきる。**2**の豚肉は2cm角に切る。
**4**　ボウルに**3**を入れてざっと混ぜる。

## 6 きゅうりのごまみそ和え

きゅうりは、白ごま＋みそ。
ちょっとした野菜のおつまみが欲しいときに、
3分でできる即席おつまみです。

**材料**（2人分）
きゅうり　1本
白すりごま　大さじ1
みそ、みりん、酢、ごま油　各小さじ1

**1**　きゅうりは小口切りにする。
**2**　その他の材料をボウルに入れて混ぜ、**1**を加えて和える。

＊みりんのアルコールが気になるなら、耐熱皿に入れてラップをかけずに、電子レンジ（600W）で40～50秒加熱する。

## 7 トマトの梅ごまみそ和え

トマトは、黒ごま＋みそ。
そこに梅干しの酸味とコクを加えます。
トマトは和え衣をさっとまとわせる程度に。

**材料**（2人分）
トマト　1個
梅干し　1個
みそ　小さじ½
黒すりごま　小さじ1

**1**　トマトは6等分のくし形切りにして、さらに横半分に切る。
**2**　梅干しは種を抜いて果肉をちぎる。
**3**　**2**、みそ、黒すりごまをボウルに入れて混ぜ、**1**を加えてさっと和える。

塩麹を使って

# 8 塩麹ささみとみょうがの梅春巻き

塩麹と梅干しをもみ込んでしっかりと味付けしたささみ。
香りと食感のよいみょうがが
さわやかなアクセントに。

材料（6本分）
ささみ（筋を取ったもの）　3本（150g）
みょうが　3個
春巻きの皮　6枚
梅干し　1個
塩麹　小さじ2
揚げ油　適量

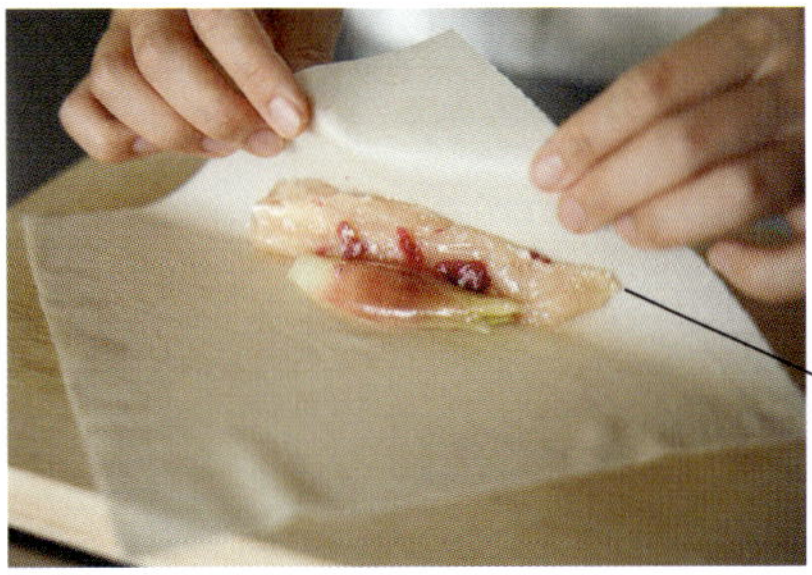

ささみとみょうがを
1切れずつのせて巻きます。
ささみにしっかり味が
ついているので、たれなどはつけず、
そのままでおいしい。

**1**　みょうがは縦半分に切る。梅干しは種を抜いて果肉をちぎる。ささみは縦半分に切って塩麹、梅干しをもみ込む。
**2**　春巻きの皮にささみ、みょうがを1切れずつのせて巻く。同量の水で溶いた薄力粉（材料外）をのりにして留める。
**3**　フライパンに揚げ油を1.5cmほどの深さまで入れて火にかけ、180度に熱する。
**4**　2の巻き終わりを下にして油に入れ、転がしながら4〜5分揚げる。

## 9 里いもマッシュのタルティーヌ

とろ〜りなめらかな里いものペーストを
カリッと焼いたバゲットにのせて。
塩麹の酵素でやわらかくなることがあるので
早めに食べるのがおすすめです。

**材料**（2人分）
里いも　小5個（200g）
クリームチーズ　30g
塩麹　小さじ2
バゲット　6枚ほど
オリーブ油、にんにく（すりおろす）、塩　各適量
パクチー（好みで）　適量

**1**　里いもはしっかり洗い、蒸気が上がった蒸し器で30分ほど蒸す。竹串がすっと入ったら蒸し上がり。
**2**　里いもが温かいうちに、やけどに注意しながら、水で濡らしたキッチンペーパーで里いもを包むようにして皮をむく。
**3**　ボウルに**2**を入れ、マッシャーなどでつぶす。クリームチーズ、塩麹を加えて混ぜる。
**4**　バゲットにオリーブ油少々、にんにくを薄く塗って、オーブントースターでカリッとするまで焼く。**3**をのせ、オリーブ油少々をかけ、塩をふる。器に盛り、ざく切りにしたパクチーを添える。

## 10 鯛の塩麹昆布締め

塩麹で和えてから昆布ではさむので、
しっかりとうまみがのります。
すだちをキュッと搾ってどうぞ。

**材料**（2人分）
鯛（刺身用）　150g　　昆布（8×12cm）　3枚
塩麹　大さじ½　　すだち（好みで）　適量

**1**　鯛はそぎ切りにして、塩麹で和える。
**2**　ラップを大きく広げて昆布（だし用の平たいもの）を1枚のせ、½量の鯛を並べて昆布を1枚のせる。残りの鯛を並べて、昆布をのせる。
**3**　ラップでしっかり包み、保存袋に入れて空気を抜き、冷蔵庫でひと晩おく。鯛を器に盛り、すだちを添える。

昆布をめくったときに
ねっとりしたら食べごろ。
2段にしてはさむと
使う昆布が少なくてすみます。

# 甘酒を使った おつまみのもと

そぼろを作っておくと、いろいろ使えて便利。
野菜と合わせるだけで、
気のきいたおつまみがすぐにできます。
ごはんやお弁当にももちろん欠かせません。

## れんこんの ピリ辛甘酒そぼろ

甘酒を調味料として使って、甘みとコクを
煮含めるので、酒や砂糖、みりんは必要なし。
れんこんの食感がよく、ピリ辛で食が進みます。

**材料**（作りやすい分量）
鶏ひき肉　150g
れんこん　100g
甘酒（ストレートタイプ）　80mℓ
しょうゆ　大さじ1と½
豆板醤　小さじ½

**1**　れんこんは1cm角に切る。
**2**　鍋にすべての材料を入れてよく混ぜる。中火にかけ、混ぜながら汁気がなくなり、やや色が濃くなるまで煮る。
＊日持ちは冷蔵庫で4～5日。

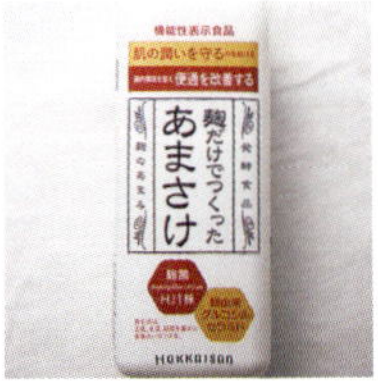


甘酒について

新潟の名酒「八海山」の麹と極軟水だけで作られた甘酒。雑味がなく濃厚で、そのまま飲んでおいしい甘酒です。自家製も作りますが、消費量が多くてすぐになくなってしまうので、市販のものも取り入れています。甘酒に「黒酢もろみのにごり酢」(p.11)とヨーグルトを混ぜたドリンクは、ラッシーのような味でおいしい。麹菌に酢酸菌、乳酸菌もとれて、健康効果が高いのでよく飲んでいます。

れんこんのピリ辛甘酒そぼろを使って

## 11 にんじんのそぼろチーズ和え

にんじんとそぼろの甘みを
クリームチーズがキリッとまとめます。
にんじんが温かいうちにチーズを入れると
やわらかくなって混ぜやすいです。

**材料**（2人分）
にんじん　$1/2$本（75g）
クリームチーズ　30g
れんこんのピリ辛甘酒そぼろ　山盛り大さじ3

**1**　にんじんは細切りにして耐熱ボウルに入れる。ふんわりとラップをかけ、電子レンジ（600W）で1分30秒加熱する。
**2**　粗熱が取れたら、温かいうちにクリームチーズ、れんこんのピリ辛甘酒そぼろを加えて和える。

## 12 生ピーマンのそぼろのせ

ピーマンはシャキッとするまで氷水に浸すと
食べたときのパリパリ感が全然違います。
ピーマンのほろ苦さが、甘みのあるそぼろに
よく合います。

**材料**（2人分）
ピーマン　2個
れんこんのピリ辛甘酒そぼろ　山盛り大さじ4

**1**　ピーマンは縦半分に切って種を取り、氷水に浸して15分ほどおいてシャキッとさせる。水気を拭いて器に並べる。
**2**　れんこんのピリ辛甘酒そぼろを等分にのせる。

ナンプラーを使って

## 13 オクラのナンプラーおひたし

だしをとらなくても、ナンプラーと削り節だけで十分、濃いだしの味を感じられます。
冷やして食べてもおいしい。

**材料**（2人分）
オクラ　6本
**A**｜ナンプラー　大さじ1
　｜削り節　2g
　｜水　½カップ

**1**　オクラはヘタのかたい部分を切り落とし、ガクの周りをむく。
**2**　鍋に**A**を入れて中火にかけ、ひと煮立ちしたらオクラを加え、蓋をして1分ほど煮る。

黒酢を使って

## 14 切り干し大根とセロリの黒酢はりはり

切り干し大根とセロリの食感を楽しむ
さっぱりとした野菜のおつまみ。
桜えびのうまみが味に奥行きを出します。

**材料**（作りやすい分量）
切り干し大根　30g
セロリ　½本(50g)
ミニトマト　3個
**A**｜桜えび(乾燥)　4g
　｜赤唐辛子(小口切り)　1本
　｜しょうゆ、みりん、黒酢　各大さじ1
　｜塩　少々

**1**　切り干し大根はさっと洗ってボウルに入れ、ひたひたの水を加えてラップで水面を覆うようにし、5分おいてから水気を絞る。
**2**　セロリはせん切りにして塩少々(分量外)をもみ込み、5分おいて水気を絞る。ミニトマトは縦4つ割りにする。
**3**　ボウルに切り干し大根、セロリ、**A**を入れて混ぜ合わせ、15分おく。ミニトマトを加えて混ぜる。
＊みりんのアルコールが気になるなら、耐熱皿に入れてラップをかけずに、電子レンジ(600W)で40～50秒加熱する。

# カンタン金継ぎのすすめ

割れたり欠けたりした器を、金などで装飾して修復する金継ぎ。器好きならだれしも、やってみたいと思ったことがあるのではないでしょうか。榎本さんが実践している、新うるしを使った金継ぎの方法をご紹介します。

金継ぎに使う主な道具。割れたり欠けたりした部分をエポキシパテで埋めた後、やすりで削ってなめらかにする。さらに、新うるしと金粉（真ちゅう粉）を薄め液で混ぜ、筆で塗り、乾いたら完成（食品衛生法も対応）。

金継ぎは以前から興味がありましたが、とても手間と時間がかかるものだと知って、手をつけられずにいました。そんなとき、東京・荻窪のブックカフェ「6次元」のナカムラクニオさんが、簡単にできる金継ぎの体験講座を開催していると知り、夫と一緒に習いに行ったのがきっかけです。

新うるしを使ったこの方法だと、乾きが早いので1～2日で完成させることができますし、本うるしではないため、かぶれることがないそう。材料が手に入りやすい価格なのも始めやすいです。新うるしは釣り具を修復するためにも使われる植物由来の樹脂。端が少し欠けてしまった器を思った以上にきれいに直すことができて、それ以来、この方法で器をお直ししています。今では、私より夫のほうがハマっているくらい。

骨董市によく行くのですが、素敵でいい器がほんの少し欠けてしまっていることで、安く売られているんです。そういうものを見つけては買い集めて、お直しするのを楽しんでいます。気に入っている器が欠けてしまうと残念な気持ちになりますが、金色の模様がアクセントになって素敵に生まれ変わり、より愛着も湧くようになります。

2

# 「中華可菜飯店」五十嵐可菜さんの あっさり中華つまみ

いがらし・かな

京都造形芸術大学在学中、四川料理店でアルバイトしたことがきっかけで料理の世界へ。その後上京し、数店舗の中華料理店で調理経験を重ね、2021年に東京・永福町に「中華可菜飯店」をオープン。全10席の小さな店で季節のコース料理をふるまう。ディナーは完全予約制。

10人入ったらほぼ満席になる小さな店内。季節の食材を使ったコース料理は、洗練された美しさがありつつ、どこか素朴で、体に負担のないやさしい味わいです。コースの最初に出されるのが、豆皿に入った前菜の盛り合わせ。その豆皿は、店主の五十嵐可菜さんが陶芸教室で自作したものだそう。ほかにもベトナムのソンベ焼きや、中国の景徳鎮の皿、ガラス作家のマーブル模様の皿など、器と料理の組み合わせにも目が離せません。

「お店のテーマはヘルシーで健全な中華料理。健康になるための料理ではなく、自分が健全であることも大切にしたいと思っています。点心などの蒸し料理や煮込み料理のほか、季節の春巻きもおすすめ。揚げものは油の処理が面倒だといわれますが、揚げた後、油かすを取り除けば3〜4回は使えますし、新しい油よりこんがりした色が早くつきやすい。中華鍋だと少ない油で深さが出るので揚げやすく、ぜひ作ってみてほしいですね」

休みの日は外食することが多く、自分以外の人が作る料理とお酒を楽しみます。「ナチュラルワインが好きで、お店でもワインを推しています。ほかにも、クラフトジンと合わせたり、紹興酒でもソーダ割りにしたり、新しい組み合わせを試してみてください」

## 1

食材の組み合わせが絶妙

# えびとごぼうの春巻き

→レシピ p.24

## 2

にらの香りで食が進む

# にら団子

→レシピ p.24

## 3

見た目も美しい変化球

# ズッキーニの焼売

→レシピ p.25

## 4

香り野菜と合わせてさわやかに

# 真鯛と春菊のねぎソースカルパッチョ

→レシピ p.25

## 1 えびとごぼうの春巻き

季節の食材を包んだ春巻きは店の定番料理。
薄切りのごぼうを生のまま包むことで、
食感と香りをストレートに感じられます。

**材料**（4本分）
むきえび　100g
豚の背油（あれば）　20g
ごぼう　½本
春巻きの皮　4枚
**A**｜塩、こしょう　各少々
　｜卵白　⅓個分
　｜片栗粉　大さじ1
　｜米油　小さじ1
しょうゆ　小さじ1
揚げ油　適量
花椒《ホアジャオ》塩（下記参照）　少々

**◎花椒塩**（作りやすい分量）
フライパンに塩50gを入れてからいりし、水分が飛んだら火を止め、花椒（粉末）10gを加えて混ぜる。花椒は焦げやすいので余熱で火を入れる。
＊日持ちは常温で1か月ほど。
花椒は四川省漢源地方産の「漢源花椒面」がおすすめ。

**1**　えびは塩と片栗粉各適量（分量外）でもんでから水で洗い、汚れを落とす。水気をしっかり拭いてボウルに入れ、**A**の材料を順に加え、その都度よく混ぜる。5mm角に切ってボウルに戻し、背油をみじん切りにして加え、しょうゆを加えて混ぜる。
**2**　ごぼうは斜め薄切りにし、10分ほど水につけてアクを抜き、水気をしっかり拭く。
**3**　春巻きの皮にごぼう¼量をのせ、その上に**1**の¼量をのせて巻く。
**4**　揚げ油を170度に熱して**3**を入れ、きつね色になるまで揚げる。半分に切って器に盛り、花椒塩をふる。

皮の手前にあんをこんもりとのせ、
最初のひと巻きは
きつく締めるのがポイント。

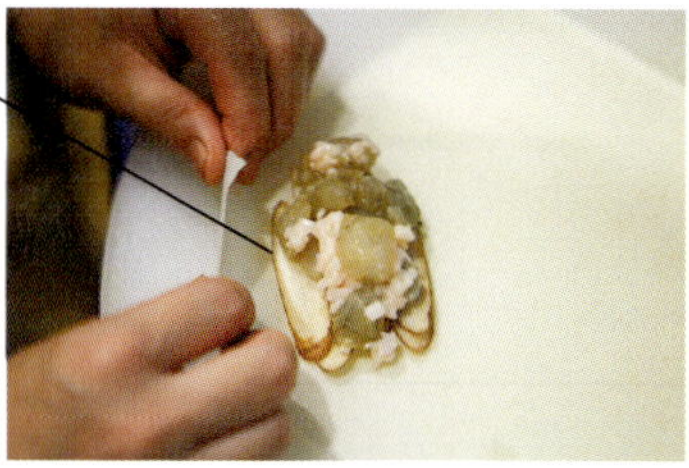

指でこすり合わせたときに
すべるほう（ざらざらした裏面）に
具をのせます。

## 2 にら団子

香りの強いにらが味の決め手。
こんがりと焼いた肉団子に
ごま入りの酢じょうゆがよく合います。

**材料**（6個分）
**A**｜にら　½束（約50g）
　｜豚ひき肉　200g
　｜しょうが（すりおろす）　1かけ
　｜にんにく（すりおろす）　1かけ
　｜溶き卵　½個分
　｜片栗粉、しょうゆ、ごま油　各小さじ1
米油　少々
しょうゆ、酢　各適量
白いりごま、豆板醤　各少々

**1**　にらは細かく刻む。**A**の材料をボウルに入れて混ぜ、6等分の平らな円形にまとめる。
**2**　フライパンに米油を中火で熱し、**1**を入れる。こんがりとした焦げ目がついたらひっくり返し、中まで火を通す。
**3**　しょうゆと酢を1：1で混ぜたものに白ごまを加えてたれを作る。器ににら団子を盛ってたれを適量かけ、豆板醤をのせる。

## 3 ズッキーニの焼売

細切りにしたズッキーニを
焼売の皮の代わりにまぶして蒸し上げました。
とろとろのズッキーニを味わってください。

**材料**（6 個分）
ズッキーニ　1 本
塩　ズッキーニの重量の 2%
豚こま切れ肉　100g
むきえび　100g
**A**｜しょうゆ　小さじ 1
　｜オイスターソース　小さじ 1
　｜粗びき黒こしょう　少々
片栗粉　大さじ 1

**1**　ズッキーニは細切りにし、塩をふって 10 分ほどおく。出てきた水分を絞る。
**2**　えびは塩と片栗粉各適量（分量外）でもんでから水で洗い、汚れを落とす。水気をしっかり拭いて 5mm 角に切り、豚肉も同様に切る。えびと豚肉、**A** をボウルに入れて混ぜる。
**3**　**1** のズッキーニに片栗粉をまぶし、バットに並べる。**2** のあんを 6 等分にして丸め、バットの上で転がしてズッキーニをまぶす。青じそ（材料外）を敷いたせいろに並べ、蒸気の上がった状態で 10 分ほど蒸す。

ズッキーニをあんの周りに
まんべんなくまぶし、
手の中でキュッと押さえつけて
丸い形を作ります。

## 4 真鯛と春菊のねぎソースカルパッチョ

淡泊な鯛の刺身を、香りのよい春菊と
ねぎソースでさわやかにまとめました。

**材料**（2 人分）
真鯛（刺身用）　100g
春菊　30g
ねぎソース（右記参照）　大さじ 2 ～ 3

**1**　真鯛は薄切りにする。春菊は 5cm 長さに切る。
**2**　**1** をボウルに入れ、ねぎソースを加えて和える。

◎**ねぎソース**（作りやすい分量）
長ねぎ（白い部分）　1 本
塩　長ねぎの重量の 5%
米油　100g

**1**　長ねぎはみじん切りにして耐熱ボウルに入れ、塩を加える。
**2**　フライパンに米油を入れて熱し、油が温まって少し煙が出てきたら、**1** のボウルに注ぐ。熱しすぎると長ねぎが焦げてしまうので注意。粗熱が取れたらすぐに冷蔵庫で冷やす。
＊日持ちは冷蔵庫で 10 日ほど。

温めた油の熱でねぎに火を入れ、
しんなりさせます。
油がはねるのでゆっくり注ぐこと。
ねぎの香りが油に移り、
おいしい香味油に。

## 5 アボカドの紹興酒漬け とたこの和えもの

中華料理の定番、紹興酒漬け。
いろいろな食材がおいしく変化します。
アボカドはスライスしてそのまま食べても。

**材料**（2人分）
アボカド　1個
ゆでだこ　80g

**A**
水　100mℓ
紹興酒　70mℓ
しょうゆ　50mℓ
砂糖　20g

**1**　**A**を鍋に入れ、ひと煮立ちしたら火を止め、冷めたら保存容器に入れる。アボカドは半分に切って種と皮を取り除き、保存容器に入れて1日漬け込む。
**2**　たこはぶつ切りにする。ボウルに汁気をきったアボカド$1/2$個を入れてつぶし、たこを加えて和える。
＊アボカドの日持ちは冷蔵庫で2日ほど。

食材がひたひたに
つかるくらいの容器に入れ、
味が染みたらでき上がり。
色が悪くなりやすいので
早めに食べるのがおすすめ。

## 6 モッツァレラチーズと バジルの紹興酒漬け

洋風食材のチーズやハーブも
紹興酒漬けと意外にマッチします。
新しい味わいを試してみてください。

**材料**（作りやすい分量）
モッツァレラチーズ　1個（100g）
バジルの葉　20枚

**A**
水　100mℓ
紹興酒　70mℓ
しょうゆ　50mℓ
砂糖　20g

**1**　アボカドの紹興酒漬けと同様に漬け汁を作る。モッツァレラチーズは半分に切り、バジルと一緒に保存容器に入れて1日漬け込む。
**2**　モッツァレラチーズを食べやすく切り、バジルの葉とともに器に盛る。
＊日持ちは冷蔵庫で2日ほど。

# 7 くるみの飴炊き

カリカリッとした飴の食感と
くるみの香ばしさで、止まらなくなるおつまみ。
砂糖の状態を見極めながら、
混ぜ続けるのがコツ。

**材料**（作りやすい分量）
くるみ　100g
砂糖　45g
白いりごま　5g
ごま油　5g

**1**　くるみ、白ごま、ごま油を別々の容器に計量しておく。オーブンシートを敷いたバットを用意しておく。
**2**　鍋に水30mℓと砂糖を入れて中火にかける。沸騰したらくるみを入れて弱火にし、ゴムべらなどで絶えず混ぜ続ける（**a**）。
**3**　砂糖が結晶化したら（**b**）中火にし、再び砂糖が溶けるまで混ぜる。
**4**　くるみの周りを飴がコーティングしたら、白ごまとごま油を入れて全体を混ぜる。バットに並べ（**c**）、くるみ同士がくっつかないようにする。冷めて飴がカリッとしたらでき上がり。
＊日持ちは常温で1週間ほど。
密封容器に乾燥剤とともに入れるとよい。

a

b

c

# 8 じゃがいもとパクチーの和えもの

食感のよい、せん切りじゃがいものサラダ。
ビネガーでさっぱりと味付けし、
にんにくオイルで香りよくまとめます。

**材料**（2人分）
じゃがいも　1個
塩、砂糖　じゃがいもの重量の各2%
白ワインビネガー　小さじ1
粗びき黒こしょう　少々
にんにく（みじん切り）　½かけ
米油　大さじ1
パクチー　適量

**1**　じゃがいもは皮をむいてせん切りにし、水にさらす。沸騰した湯で15秒ほどゆで、ザルに上げる。水気をしっかりきってボウルに入れ、温かいうちに塩と砂糖を加えて混ぜる。白ワインビネガー、黒こしょうを加えて混ぜる。
**2**　にんにくを耐熱ボウルに入れる。フライパンに米油を熱し、少し煙が出てきたらにんにくのボウルに入れ、粗熱を取る。
**3**　**1**のじゃがいものボウルに**2**のにんにく油を加え、全体を混ぜる。粗熱を取り、冷蔵庫で冷やしたら、1cm長さに切ったパクチーを加えて混ぜる。

じゃがいもはシャキシャキの
食感を残したいので、
さっと湯に通す程度。
ゆですぎに注意しましょう。

## 9 かぶと柿のコチュジャン和え

香りのよいかぶ、甘みのある柿、
コチュジャンの辛みをミックス。
彩りもよく、お酒に合う味です。

**材料**（2人分）
かぶ　1個
塩　かぶの重量の1%
柿　1個
**A**｜コチュジャン　大さじ1
｜砂糖　小さじ½
｜しょうゆ　小さじ1
｜太白ごま油　大さじ1
｜レモン汁　⅛個分
パクチーの葉（好みで）　少々

**1**　かぶは16等分のくし形切りにし、塩をふって10分おき、出てきた水分を絞る。柿はかぶと同様に切る。
**2**　ボウルに**A**を入れて混ぜ、かぶと柿を加えて和える。器に盛り、ざく切りにしたパクチーの葉をのせる。

## 10 にんじんと干し貝柱のラー油和え

干し貝柱の凝縮したうまみに
ラー油の香りをプラス。
シンプルで作りやすいのもうれしい。

**材料**（2人分）
にんじん　½本（約60g）
塩　にんじんの重量の2%
干し貝柱　10g
食べるラー油（市販）　大さじ1

**1**　干し貝柱は前日から水でもどしておく。にんじんは細切りにし、塩をふって10分おく。出てきた水分を絞ってボウルに入れる。
**2**　貝柱をほぐし、**1**のボウルに加えて混ぜる。ラー油を加えて全体を混ぜる。

# 11 きゅうりと冷しゃぶのしょうがソース

ピーラーで薄切りにしたきゅうりと
豚しゃぶを交互に重ねて盛りつけ。
夏にうれしいさっぱりした一品。

**材料**（2人分）
きゅうり　½本
豚ロース肉（しゃぶしゃぶ用）　100g
しょうがソース（右記参照）　大さじ2〜3

**1**　きゅうりはピーラーでスライスし、食べやすい長さに切る。
**2**　豚肉は沸騰した湯にさっと通し、火が通ったら氷水で冷やす。冷めたらしっかり水気を拭く。
**3**　器にきゅうりと豚肉を交互に盛り、しょうがソースを適量かける。

**◎しょうがソース**（作りやすい分量）
しょうが（すりおろす）　10g
酢　20mℓ
しょうゆ　10mℓ
砂糖　10g
ごま油　10g

材料すべてを混ぜ合わせる。
＊日持ちは冷蔵庫で1週間ほど。

きゅうりはピーラーで
薄切りにすると、
パリパリッとした
食感を楽しめます。

12

# 鶏むね肉としめじのごまソース和え

余熱で火を入れた鶏肉はしっとり。
きのこと合わせたごまソース和えは、
季節問わず、いつでもおいしい中華つまみ。

**材料**（2人分）
鶏むね肉　½枚
塩　鶏肉の重量の1％
しめじ　½パック
ごまソース（下記参照）　大さじ2
太白ごま油　大さじ1
パクチーの葉（好みで）　少々

**◎ごまソース**（作りやすい分量）
白練りごま　50g
しょうゆ　大さじ1
みりん　大さじ1
砂糖　小さじ1
白ワインビネガー　小さじ1
豆板醤　小さじ½

材料すべてを混ぜ合わせる。
＊日持ちは冷蔵庫で1週間ほど。

**1**　鶏肉の厚い部分を観音開きにして火が通りやすくする。塩をすり込んで10分おく。沸騰した湯に鶏肉を入れ、火を止めて蓋をし、30分ほどおいて余熱で火を入れる（1枚分ゆでておくとよい）。冷めたら汁気を拭いて細かくさく。
**2**　しめじは1本ずつに分け、沸騰した湯で10秒ほどさっとゆでる。ザルに上げ、粗熱を取る。
**3**　ボウルにごまソースと太白ごま油を入れて混ぜ、鶏肉としめじを加えて和える。器に盛り、ざく切りにしたパクチーの葉を添える。

鶏肉はゆですぎるとパサつくので、
余熱で火を入れます。
肉の厚みを一定にすることと、
蓋がぴったり閉まる鍋に
入れるのがポイント。

# 13 かつおのたたきと焼きなすの黒酢ソース

かつおは表面をさっと油で焼くことで、
たれが絡みやすくなります。
とろっとした焼きなすと一緒に。

**材料**（2人分）
かつお（刺身用さく）　½さく
なす　1本
米油　少々
黒酢ソース（下記参照）　大さじ2〜3
みょうが　1個
青じそ（好みで）　少々

**◎黒酢ソース**（作りやすい分量）
黒酢　大さじ3
しょうゆ　大さじ1と½
砂糖　小さじ2
水　大さじ1
白いりごま　少々

材料すべてを混ぜ合わせる。
＊日持ちは冷蔵庫で1週間ほど。

**1**　かつおの水分をキッチンペーパーでしっかり拭き取る。フライパンに米油を中火で熱し、かつおの表面が白くなるまで全面をさっと焼く。キッチンペーパーを敷いたバットに取り出し、冷めたら1cm厚さに切る。

**2**　なすはヘタを切り、皮に3本くらい縦に切り目を入れる。コンロに網を置き、なすをのせて焼き（魚焼きグリルでも可）、菜箸などで押さえて真ん中までやわらかくなったら氷水につけ、冷めたら皮をむく。キッチンペーパーで水気を拭き取り、5cm長さに切る。

**3**　器にかつおと焼きなすを盛り合わせ、黒酢ソースをかけ、細切りにしたみょうがと青じそをのせる。

かつおは表面の色が変わる程度に
火を入れ、中はレアな状態に。
1さくを食べきらない場合は、
食べる分だけ焼くとよいでしょう。

# 14 ぶりと大根のオイスターソース煮

和食の定番、ぶり大根の中華風。
オイスターソースのさっぱりとした
うまみとコクが味を決めます。

**材料**（作りやすい分量）
ぶり　300g
大根　300g
しょうが（せん切り）　20g
オイスターソース　60g
しょうゆ　40mℓ
砂糖　30g

**1**　ぶりと大根は食べやすい大きさに切る。
**2**　材料すべてと水800mℓを鍋に入れて中火にかける。沸騰したらアクを取り、弱火にして落とし蓋をして20～30分煮る。煮汁が減って味が染み込んだら火を止める。
＊日持ちは冷蔵庫で3日ほど。

ぶりと大根は小さめに
切って煮ると、
短時間で中まで火が通り、
味も染み込みやすくなります。

# 3 ツレヅレハナコさんの スピードつまみ

つれづれ・はなこ

食と酒と旅を愛する文筆家&料理研究家。出版社に勤務し、編集者として食の世界に携わった後、独立。会社員時代に始めたブログやSNSでの発信が人気となり、レシピ本やエッセイ本などを出版するように。最近では、オリジナルのキッチン道具などもプロデュース。

来客が多く、料理でおもてなしする頻度も高いというツレヅレハナコさん。また、旅行が好きで最近もインドへ行ってきたばかり。食器棚には旅先で購入した多国籍な器が積み重ねられ、スパイスやハーブを使った料理もお手のものです。

「人が集まるときは、料理を大皿に盛って出すことが多いのですが、ひとり飲みのときは豆皿メイン。まずは、ハイボール1杯飲みながら、ちゃちゃっと作れる料理を1～2品。それに昨日の残りものなどを組み合わせて3～4品並べたら、楽しい晩酌の時間が始まります」

味のバリエーションをもたせるために、酸っぱいもの、甘いもの、辛いものなどをミックス。切って和えるだけ、のせるだけ、焼くだけのおつまみが多く、その代わり、薬味やスパイスをアクセントにして変化をつけます。お酒は料理に合わせて、日本酒、ワイン、焼酎などをその日の気分によってセレクト。

「日本人ほど、いろいろな国の料理を作る人はいないですよね。それに、同じ日のテーブルにミックスして並ぶ場合もあります。でもそれは、家庭でしかできないこと。今日は和食、今日は洋食と決めずに、さまざまなジャンルの料理を豆皿にちょこちょこ盛って楽しむ。それが、家飲みの醍醐味です」

## 1

香りと食感がいい

# セロリと桜えびのナムル

→レシピ p.38

## 2

ビールにも、ハイボールにも

# ちくわといんげんのナンプラーバター炒め

→レシピ p.38

## 3

ディルでさわやかに
## ツナのハーブリエット

→レシピ p.38

## 4

ガラムマサラが香る
## スパイシーコーンバター

→レシピ p.38

## 2 ちくわといんげんの ナンプラーバター炒め

ナンプラーとバターでコクのある味付けに。
黒こしょうをたっぷりふるとおいしい。

**材料**（2人分）
ちくわ　1本
さやいんげん（冷凍でもよい）　12本
バター　5g
酒　大さじ1
ナンプラー　小さじ½
粗びき黒こしょう　適量

**1**　ちくわは長さを半分に切り、8mm太さの棒状に切る。さやいんげんは長さを2～3等分に切る。
**2**　フライパンにバターを入れて中火で熱し、ちくわ、さやいんげん、酒を入れて2～3分炒める。ナンプラーを加え、黒こしょうをふる。

## 4 スパイシーコーンバター

最後にガラムマサラをひとふりするだけで、
定番のコーンバターが、パンチのある味に変化します。

**材料**（2人分）
とうもろこし　½本
玉ねぎ　1/10個
オリーブ油　小さじ1
酒　大さじ1
バター　5g
塩　少々
ガラムマサラ　少々

**1**　とうもろこしは包丁で実をそぐ。玉ねぎはみじん切りにする。
**2**　フライパンにオリーブ油を中火で熱し、玉ねぎを入れて透き通るまで炒める。
**3**　とうもろこし、酒を加えて炒め、バター、塩、ガラムマサラを加えて混ぜる。

## 1 セロリと桜えびのナムル

セロリは塩もみせず、シャキシャキ感を楽しみます。
桜えびとごま油の香りをまとわせて。

**材料**（2人分）
セロリ　½本
**A**｜桜えび（乾燥）　大さじ1
　ごま油　小さじ½
　にんにく（すりおろす）、塩、
　　白いりごま　各少々

**1**　セロリは斜め薄切りにする。
**2**　ボウルに**A**を入れて混ぜ、セロリを加えて和える。

## 3 ツナのハーブリエット

魚介に合うハーブ、ディルを混ぜ込んで
香りさわやかなペーストに。ギリシャヨーグルトは
水きり不要なので、調味料としても便利に使えます。

**材料**（2人分）
ツナ（水煮缶）　1缶（約70g）
ディル　3枝
ギリシャヨーグルト（無糖、またはプレーンヨーグルト大さじ8を水きりする）　大さじ4
にんにく（すりおろす）、塩　各少々
好みのパン（バゲットなど）　適量

**1**　ボウルにギリシャヨーグルト、にんにく、塩、汁気をきったツナ、茎をはずして刻んだディルを入れて混ぜる。
**2**　パンを軽く焼き、**1**を塗る。

リエットとパンは別々の皿に盛り、
カリッと焼いたパンにリエットをのせていただきます。
オイルが入らないのであっさり。
ハーブは、ディルの代わりにミントでも。

ズッキーニは薄切りにすることで、
すぐに火が入り、しっとり炒め上がります。
カリカリのじゃこがアクセント。

**材料**（2人分）
ズッキーニ　½本（約100g）
ちりめんじゃこ　大さじ3
しょうが（せん切り）　½かけ
オリーブ油　大さじ1
塩　少々

**1**　ズッキーニは薄切りにする。
**2**　フライパンにオリーブ油、しょうがを入れて中火で熱し、香りが出たらズッキーニ、ちりめんじゃこ、塩を加えて2～3分炒める。

かぼちゃとクミンはインド料理では
定番の組み合わせ。クミンシードは油とともに
熱して香りを出すとスパイス感がアップ。

**材料**（2人分）
かぼちゃ　200g（正味）
クミンシード　小さじ½
オリーブ油　大さじ1
塩　少々

**1**　かぼちゃは種とわたを取り除いて2cm角に切り、水にさっとくぐらせて耐熱容器に入れる。ふんわりとラップをかけ、竹串がすっと通るまで電子レンジ（600W）で3～4分加熱する。
**2**　フライパンにクミンシード、オリーブ油、塩を入れて弱火で熱し、香りが出たら**1**に加えて混ぜる。

## 7 塩辛納豆ののり巻き

粒の大きい納豆を使うのがおすすめ。
豆皿に材料を盛るだけと、
ボウルも要らないほど簡単。

**材料**（2人分）
いかの塩辛（市販）　大さじ1
納豆（たれなし）　1パック
みょうが　½個
柚子こしょう　少々
焼きのり（全形）　1枚

**1**　みょうがは小口切りにする。焼きのりは4等分にする。
**2**　器に納豆、塩辛、みょうが、柚子こしょうを盛る。食べるときによく混ぜ、焼きのりで巻いて食べる。

焼きのりにのせて、巻くだけ。
塩辛の濃厚なうまみと
柚子こしょうのキリッとした
塩気を混ぜ合わせます。

## 8 ザーサイねぎやっこ

中華風味の冷ややっこ。
豆腐はスプーンですくって器に盛ると、
食べやすく、見た目に変化も出ます。

**材料**（2人分）
豆腐（絹ごし）　¼丁（約100g）
ザーサイ（味付き）　10g
細ねぎ　2本
**A**｜しょうが（すりおろす）　少々
　｜ごま油　小さじ½
　｜しょうゆ　少々

**1**　ザーサイはみじん切りにし、細ねぎは小口切りにする。
**2**　**1**と**A**を混ぜ、器に盛った豆腐にのせる。

# 9 塩昆布まぐろの春菊サラダ

まぐろを塩昆布で和えたものを
香りの強い春菊と一緒にいただきます。
赤身のまぐろで作るのがおすすめ。

**材料**（2人分）
まぐろ（刺身用）　100g
**A**｜塩昆布　2g
　｜しょうゆ、酢　各小さじ2
　｜オリーブ油　小さじ1
春菊の葉　2本分
白いりごま　少々

**1**　まぐろは2cm角に切る。春菊の葉は3cm長さに切る。
**2**　ボウルに**A**を入れて混ぜ、まぐろを加えて和える。
**3**　器に春菊を盛り、**2**をのせて白ごまをふる。

塩昆布と調味料で
さっと和えるだけで、
手ごろな価格の赤身のまぐろも
おいしく食べられます。

# 10 牡蠣の卵焼き

卵液を衣にして焼いた
韓国料理の牡蠣のジョンをより簡単に。
牡蠣にしっかりめに味をつけるのがポイント。

**材料**（2人分）
牡蠣（加熱用） 6個
卵 1個
片栗粉 適量
**A** | 酒 大さじ1
オイスターソース、しょうゆ 各小さじ1
赤唐辛子（輪切り） 1本
サラダ油 大さじ1
パクチー 適量

**1** 牡蠣は塩水で洗い、キッチンペーパーで水気を取り、片栗粉を薄くまぶす。**A**は混ぜ合わせる。卵は溶きほぐす。パクチーは2cm長さに切る。
**2** フライパンにサラダ油を中火で熱し、牡蠣を並べ入れる。両面を合わせて2分ほど焼き、**A**を加えて絡める。
**3** 溶き卵を加え、火が通り始めたら卵を牡蠣に合わせて等分に分け、両面を焼く。器に盛り、パクチーを添える。

通常は牡蠣に卵液を絡めて
フライパンで焼くところ、
卵液を流し込んで、
フライパンの中で衣を作ります。
卵が固まってきたら、牡蠣を
1個ずつに分けてひっくり返せばOK。

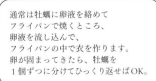

# 11 トマト豚しゃぶ

トマトを具にした黒酢中華だれは
さっぱりして食欲をそそります。
しゃぶしゃぶ肉は余熱で火を入れるとしっとり。

**材料**（2人分）
豚肉（しゃぶしゃぶ用）　100g
トマト　½個
**A**｜黒酢、しょうゆ　各大さじ1
　｜砂糖、ごま油　各小さじ½
細ねぎ　1本
粗びき黒こしょう　少々

**1**　鍋に湯を沸かし、豚肉を入れてすぐに火を止める。菜箸でほぐしながら肉の色が変わるまでゆで、ザルに上げて粗熱を取る。
**2**　トマトは2cm角に切り、細ねぎは小口切りにする。
**3**　ボウルに**A**、トマトを入れて混ぜ合わせる。器に豚肉を盛ってトマトだれをかける。細ねぎをのせ、黒こしょうをふる。

中華風の黒酢しょうゆに
トマトの酸味とうまみ、
甘みが加わり、
味わい深いたれになります。

# 12
# 焼き鶏の
# ハーブヨーグルトソース

ヨーグルトとミントのソースは
インドでは定番の味。
皮をカリッと焼いた鶏肉をさわやかにまとめます。

**材料**（2人分）
鶏もも肉　200g
塩　少々
**A**｜ギリシャヨーグルト（無糖、
　　またはプレーンヨーグルト大さじ４を
　　水きりする）　大さじ２
　｜にんにく（すりおろす）　少々
　｜ミントの葉　3g
　｜塩　少々
オリーブ油　大さじ１
粗びき黒こしょう　少々

**1**　鶏肉は大きめの一口大に切り、塩をふる。**A**は混ぜ合わせる。
**2**　フライパンにオリーブ油を入れ、鶏肉の皮面を下にして並べ入れる。中火にかけ、皮がパリッとして色づくまで４分ほど焼き、裏返して１分ほど焼く。
**3**　器に鶏肉を盛り、ヨーグルトソースを添える。ミントの葉（分量外）を添え、黒こしょうをふる。

鶏肉は皮目がパリッとするまで
じっくりと焼き、
反対面はさっと火を入れる程度に。
一口大に切ると短時間で焼けます。

## 13 あさりとミニトマトの白ワイン蒸し

あさりといえばワイン蒸し。
パセリの香りがよく合います。
蒸し汁にバゲットをつけてもおいしい。

**材料**（2人分）
あさり　10個
ミニトマト　6個
白ワイン　50mℓ
バター　5g
パセリ（みじん切り）　適量

**1**　あさりは砂抜きをする。ミニトマトは横半分に切る。
**2**　フライパンにあさり、ミニトマト、白ワインを入れて中火にかけ、蓋をして2〜3分蒸し煮にする。あさりの口が開いたらバターを加え、パセリをふる。

## 14 ししゃもの磯辺揚げ

焼くよりも、実は短時間で火が入る揚げもの。
お酒のおつまみには欠かせません。
天ぷら粉を使えば上手に揚がります。

**材料**（2人分）
ししゃも　6尾
**A**｜天ぷら粉　大さじ3
｜青のり　小さじ½
｜水　大さじ4
揚げ油　適量

**1**　ボウルに**A**を入れて混ぜる。
**2**　揚げ油を180度に熱し、ししゃもを**1**にくぐらせてから入れ、カラッとするまで2〜3分揚げる。

# スパイスとハーブの活用法

スパイスや、ハーブなどの香味野菜を料理のアクセントにすると、シンプルな料理がぐっとおしゃれになり、味の変化もつけられます。料理への使い方や、保存法についても教えてもらいました。

キッチンの引き出しを開けると、大きさも形もバラバラのビンがぎっしり。スパイスは新大久保のイスラム横丁で直輸入された大袋入りのものを購入。上から見て中身がわかるように、名前を書いたマスキングテープを貼って収納。

　ふだんのおつまみは、1～2食材＋調味料でできるスピード料理がほとんど。15分程度で1～2品作れるのが基本です。そんな手のかからない料理には、スパイスやハーブが大活躍。といっても複雑に組み合わせるのではなく、最後にパラパラッとふりかけたり、刻んでバサッとのせたりするだけ。香りや食感のアクセントになりますし、肉や魚のくさみも取ってくれます。

　スパイスやドライハーブはある程度日持ちしますが、フレッシュなハーブは買っても使いきれず、すぐにしんなりしてしまうイメージがないでしょうか。そんな人におすすめなのが、薬味ボックス。保存容器に水でぬらして水気を絞ったキッチンペーパーを敷いて、ハーブや薬味などの香味野菜を入れておくんです。それだけのことですが、ほどよい湿気で何日もパリッとした状態のまま。薬味はいろいろな種類が少量ずつ残ったりするので、ひとつの容器にまとめて入れておくと、何がどれだけ残っているのかも把握できますし、あるものを組み合わせて使えるようになりますよ。

### [ 使いやすいスパイス ]

黒こしょう：下ごしらえの際のくさみ取りにも、仕上げの香りづけにもよい。肉や魚、野菜など何にでも使える最も身近なスパイス。ホールを買ってミルでひくと香りがよく、アクセントにしたいときは麺棒などでたたいても。

ガラムマサラ：香りをアップさせるミックススパイスで、商品によって配合が異なる。カレー作りの際、カレー粉だけでは物足りないときに最後に加えると華やかさが出る。カレーだけでなく、炒めものなどに最後にふりかけてもよい。

クミン：エキゾチックな香りで、羊肉やかぼちゃ、じゃがいも、カリフラワーなどと相性がよい。シードとパウダーがあるが、シードはしっかりと油で熱し、香りを抽出してから使うのがおすすめ。口の中ではじける香りが印象的。

カルダモン：スパイスの女王と呼ばれる、甘くエキゾチックな香りが特徴。カレーによく使われるが、チャイにも欠かせない。クッキーに加えてもおいしい。ホールのほかパウダーもある。

### [ 使いやすいハーブ ]

ミント：スペアミントとペパーミントが手に入りやすいが、料理によく使用するのは葉がやわらかく甘い香りのスペアミント。ナンプラーなどを使ったエスニック料理と相性がよい。モヒートなどのカクテルやミントティーに使っても。

ディル：魚介料理に欠かせないさわやかな香りのハーブ。スモークサーモンや魚介のマリネに刻んでのせて。ヨーグルトソースやマヨネーズなどに加えても。サーモンスープやきゅうりのピクルスにも欠かせない。

パセリ：さわやかな香りと独特のほろ苦さがあり、彩りに少量ではなく、たっぷり使ってほしい。鶏肉やチーズをはじめ、どんなものとも相性がよい。刻んだパセリに塩、レモン汁、オリーブ油を混ぜたパセリソースを、焼いた肉や魚にかけるとおいしい。

パクチー：エスニック料理に欠かせないハーブ。パクチー、香菜、コリアンダーと国によって呼び方が変わる。葉よりも茎や根のほうが香りが強いので、茎も刻んで使うのがおすすめ。根は冷凍しておいて、スープを作る際のくさみ消しにも。

# 4

## 「按田餃子」按田優子さんの乾物つまみ

あんだ・ゆうこ

料理家、按田餃子店主。製菓・製パンの会社に勤務し、工房長、カフェ店長を経て独立。2012年4月、写真家の鈴木陽介氏と共同経営で、東京・代々木上原に「按田餃子」を開店。ヘルシーな水餃子が人気となる。現在は、代々木上原パワー店、三浦工房直売所の3店舗を経営。

「なるべく買い物に行きたくないので、家にあるもので作ることがほとんど。だから、乾物は常備しています」と、按田優子さん。買い物に行き、いわゆる「名前のある料理」を作ってくれるのはパートナーの担当。按田さんは、その残りの食材と乾物などの保存食材をその都度組み合わせて、名もない料理を作ります。

「豆はいつも何種類か家にあり、ゆでて塩をふっただけのものや、玉ねぎの酢漬けとオイルでマリネにしたもの、あるいは浸し豆のように、最低限の味付けにしておきます。水餃子のあんにしても、乾物があると便利。切り干し大根やひじき、高野豆腐など何でもよいです」

　按田さんは常に「あるものをどうしたら生かせるか」ということを考えて料理を楽しんでいるよう。それは、保存期間を延ばすこと、そして捨てずにもう一度使うといったことです。

「塩漬けか酢漬けにしておくとたいていのものは日持ちします。大根の皮は厚めにむいて乾燥させれば、干し大根に。湿気たのりはふやかしてディップに、ゆでて残ったそばは、お揚げに詰めてそばいなりに。揚げ油が残ったらポップコーン豆を入れて吸わせます」

　こうやって生まれた料理たちは豆皿に盛られ、日々のおつまみになっています。

## 1

按田餃子の定番おつまみ

# きくらげと アボカドの冷菜

→レシピ p.52

## 2

味付けはほぼ、みそだけ

# ドライフルーツと にんじんの白和え

→レシピ p.52

## 3

毎晩のお通しにどうぞ

# 金時豆のマリネ

→レシピ p.53

## 4

揚げ油が残ったら

# ポップコーン

→レシピ p.53

## 1 きくらげとアボカドの冷菜

アボカドにきくらげをのせた
按田餃子の「ゆでらげ」をアレンジ。
中華風の味付けでとろみをつけたきくらげは
冷たくして食べてもおいしい。

**材料**（2人分）
きくらげ（乾燥）　5g
黒酢　小さじ2
オイスターソース　小さじ2
水溶き片栗粉（混ぜ合わせる）
　片栗粉　小さじ1
　水　小さじ2
アボカド　½個

**1**　きくらげはたっぷりの水に6時間ほど浸してもどす（もどすと50gになる）。
**2**　小鍋にきくらげ、黒酢、オイスターソースを入れて弱火で温める。水溶き片栗粉を加えてとろみをつけ、ゴムべらできくらげ全体に絡むように混ぜる。
**3**　アボカドをスライスして器に盛り、**2**をのせる。

きくらげは水でもどすとかさが
10倍に増えるので、
たっぷりの水に浸します。
もどしたきくらげは冷蔵庫で
1週間ほど日持ちします。

## 2 ドライフルーツとにんじんの白和え

ドライフルーツの甘みを生かすから
砂糖は入れません。
甘みの強いものと白みそは相性よし。
干し柿やナツメでもよいでしょう。

**材料**（2〜3人分）
ドライいちじく　2個
にんじん　½本（100g）
くるみ（いったもの）　大さじ1
豆腐（絹ごし）　¼丁（約100g）
しょうゆ　数滴
白みそ　大さじ1

**1**　にんじんは細切りにして熱湯でさっとゆでる。しょうゆをたらして絡め、粗熱を取る。
**2**　ドライいちじくは細切りにする。くるみは薄皮をむく（湯通しするとむきやすい）。
**3**　すり鉢に豆腐、くるみ、白みそを入れ、すりこ木でくるみをつぶしながら、なめらかになるまでする。
**4**　にんじんとドライいちじくを加えて和える。

ドライフルーツが豆腐の
水気を吸ってくれるから、
豆腐は水きり不要。
白和え衣に入れたくるみは、
カシューナッツや練りごまでも。

Postcard

おそれいりますが
切手をお貼りください

104-8357

東京都中央区京橋 3-5-7
(株)主婦と生活社 料理編集

「うちの 豆皿つまみ 極上レシピ」係行

ご住所
〒　　　　　－

お電話
（　　　　　　　　）

フリガナ（　　　　　　　　　　　　）　性別
男 ・ 女

お名前　年齢
歳

ご職業
1 主婦　2 会社員　3 自営業　4 学生　5 その他（　　　　）

未婚　家族構成（年齢）
既婚（　　　　年）

# 「うちの豆皿つまみ 極上レシピ」はいかがでしたか？

今後の企画の参考にさせていただくため、アンケートにご協力ください。
＊お答えいただいた方、先着1000名様の中から抽選で20名様に、
小社刊行物（料理本）をプレゼントいたします
（刊行物の指定はできませんので、ご了承ください）。
当選者の発表は、賞品の発送をもってかえさせていただきます。

---

**Q1** この本を購入された理由は何ですか？

**Q2** この本の中で「作りたい」と思った料理を3つお書きください。

（　　　）ページの（　　　　　　　　　　　　）
（　　　）ページの（　　　　　　　　　　　　）
（　　　）ページの（　　　　　　　　　　　　）

**Q3** この本の表紙・内容・ページ数・価格のバランスはいかがですか？

**Q4** あなたが好きな料理研究家と、その理由を教えてください。

**Q5** この本についてのご意見、ご感想をお聞かせください。

ご協力ありがとうございました

## 3 金時豆のマリネ

ゆでた豆に魚醤とオリーブ油を
絡めておけば、いろいろな料理に使えます。
魚醤はナンプラー以外にも種類が豊富なので、
好みの味のものを見つけてください。

**材料**（作りやすい分量）
金時豆（乾燥）　½カップ
（またはゆでたもの1と½カップ）
塩　小さじ¼
魚醤（ナンプラーなど）　小さじ2
オリーブ油　大さじ1
紫玉ねぎ（みじん切り）　適量
粗びき黒こしょう　適量

**1**　鍋に金時豆とたっぷりの水を入れて火にかけ、沸騰したら蓋をして火を止めて、余熱で火を入れる。冷めたらもう一度火にかけ、沸騰したら蓋をして火を止めるのを2～3回繰り返す（好みのかたさになればOK）。
**2**　1が熱いうちに塩、魚醤をふりかけ、粗熱が取れたらオリーブ油を回しかける（この状態で1週間ほど日持ちする）。食べるときに紫玉ねぎのみじん切り、黒こしょうを加えて混ぜる。
＊玉ねぎの酢漬けを作っておいて豆と和えても。
サラダのトッピングにしてもよい。

## 4 ポップコーン

揚げものをして油が残ったら、
ポップコーン豆がきれいに吸ってくれます。
必ず蓋をしてから加熱しましょう。

**材料**（2人分）
ポップコーン豆　大さじ2
残った揚げ油　適量
塩　ひとつまみ
塩、粗びき黒こしょう、ターメリック　各適量

**1**　残った揚げ油をフライパンや鍋に5mmほどの深さまで入れ、ポップコーン豆も入れる。
**2**　蓋（ガラスだと中が見えてよい）をして火にかけ、ポップコーン豆が油に浸るようにたまにフライパンを回す。破裂し始めてもそのまま火にかけ、すべて破裂し終わったら蓋を開けて取り出す。
**3**　器に盛り、塩や好みのスパイス、刻んだハーブなどをまぶす。

ポップコーン豆

ポップコーン用のとうもろこし。油やバターとともに熱すると、皮がはじけてスポンジ状に膨張する仕組み。

フライパンにこのくらい
少量のポップコーン豆を入れても、
破裂するとフライパンいっぱいに
広がります。
はじけるので、必ず蓋をすること。

# 5 そばいなり

食べきれなかったそばはこうやっていなり揚げに詰めておくのが常。ひと晩おくと味がなじみ、２～３日たってもおいしく食べられます。

**材料**（6個分）
いなり揚げ（右記参照）　6枚
ゆでたそば　1把分
七味唐辛子　適量

ゆでたそばに七味唐辛子を混ぜる。いなりずしの要領で、いなり揚げにそばを詰める。

**◎いなり揚げ**（作りやすい分量）
油揚げ（口が開きやすいもの）　5枚
砂糖　大さじ1
しょうゆ　大さじ2

**1**　油揚げは半分に切って口を開き、沸騰した湯で5分ほどゆでて油抜きをする。ザルに上げてしゃもじなどで押して水気を絞る。
**2**　鍋に水 $\frac{1}{2}$ カップ、砂糖、しょうゆを入れて沸騰させ、**1**を入れて汁気がほぼなくなるまで煮る。
＊日持ちは冷蔵庫で5日ほど。

酢飯の代わりにそばを詰めただけ。冷蔵庫にあると、食べたいときに食べたいだけつまめます。

**材料**（2人分）
焼きのり（全形）　1枚
ごはん　1膳分
のりディップ（右記参照）　大さじ1
クレソンの茎　4本

**1**　焼きのりは半分に切る。
**2**　焼きのりにごはん½量を広げ、のりディップ½量、クレソンの茎2本をのせて手前からきつく巻く。もう1本も同様に作り、食べやすく切って器に盛る。
＊クレソンの葉はp.56のきな粉サラダに使う。

**◎のりディップ**（作りやすい分量）
焼きのり（全形）　1枚
オリーブ油　大さじ1
ケッパー（塩漬け）　小さじ1

**1**　ケッパーは塩がついたまま みじん切りにする。
**2**　容器に焼きのりをちぎって入れ、水大さじ1、オリーブ油、ケッパーを加えて混ぜる。10分ほどおいてしんなりしたらでき上がり。

塩漬けのケッパーが味のアクセント。
じゃがいものポタージュにのせたり、
刺身にのせたり、
ショートパスタに絡めてもおいしい。

細巻きといっても、
酢飯や巻きすは要りません。
すき間ができないように
しっかり巻くのがポイント。

**6**

# のりディップと クレソンの細巻き

湿気たのりがあったら、オリーブ油でふやかして
ディップにします。クレソンの茎の代わりに
わさび菜でもおいしい。
お酒に合う、おつまみになる細巻きです。

## 7 きな粉サラダ

余りがちなきな粉の活用レシピ。
野菜にきな粉をまぶすことで、オイルをかけてもベチャッとせず、香ばしさが立ちます。

**材料**（2人分）
ミックスリーフ
（香りの強い野菜が入るとよい）　ひとつかみ
きな粉　小さじ1
白いりごま　小さじ1
塩　ひとつまみ
好みの油（ごま油、えごま油、インカインチオイルなどが合う）　小さじ2

**1**　ミックスリーフは洗って軽く水気をきり、ボウルに入れる。全体にきな粉をまぶし、白ごま、塩も加えて混ぜる。
**2**　器に盛り、好みの油を回しかける。

茶こしなどできな粉をまぶし、
野菜の水分を吸わせます。
きな粉でコーティングされるので、
時間がたっても
ふんわりとしたサラダに。

## 8 きくらげときのこのマリネ

きくらげもきのこの一種。数種類のきのこを一度にフライパンに入れ、蒸し焼きにします。

**材料**（作りやすい分量）
きくらげ（乾燥、細切りのもの）10g
干ししいたけ　3枚
まいたけ　½パック
しめじ　½パック
にんにく（粗く刻む）　1かけ
塩　小さじ½
こしょう　適量
オリーブ油　大さじ2
パセリのみじん切り　適量

**1**　きくらげはたっぷりの水に1時間ほど浸してもどす（もどすと100gになる）。干ししいたけはたっぷりの水に6時間ほど浸してもどし、細切りにする。
**2**　フライパンにもどしたしいたけ、ほぐしたまいたけとしめじ、にんにくを入れて、一番上にきくらげをのせる。塩、こしょうをふり、オリーブ油を回しかけ、蓋をして弱火で10分ほど蒸し焼きにする（途中で混ぜない）。
**3**　粗熱が取れたら、食べるときにパセリ（2人分大さじ1程度）を混ぜ、器に盛る。
＊日持ちは冷蔵庫で1週間ほど。

# 9 プルーンとピーカンナッツのたたきごぼう

プルーンの甘みを生かすから、
甘みのある調味料は入れません。
オリーブ油の香りも加えて洋風なたたきごぼうに。

**材料**（作りやすい分量）
ごぼう　1本（150g）
プルーン　10粒
黒酢　大さじ1
しょうゆ　大さじ1
オリーブ油　大さじ1
ピーカンナッツ（ロースト）　10粒

**1**　ごぼうは食べやすい長さに切り、麺棒などでたたいて割る。
**2**　鍋にごぼう、水$\frac{1}{2}$カップを入れて蓋をして中火にかけ、10分ほど蒸し煮にする。
**3**　やわらかくなったらプルーン、黒酢、しょうゆ、オリーブ油を加えてさらに5分ほど煮る。
**4**　ピーカンナッツを加えて混ぜる。
＊日持ちは冷蔵庫で2週間ほど。ナッツは食べるときに加える。

ドライフルーツとナッツを
組み合わせるのが好きで、
よく作ります。ドライフルーツは
いちじくやマンゴーでも。
黒酢を梅干しに替えてもおいしい。

## 10 青大豆の浸し豆

青大豆は水でもどす必要がなく、
短時間で煮えるのもうれしい。
余熱を生かして放っておくだけで
ほどよく、ふっくら煮上がります。

**材料**（作りやすい分量）
青大豆（乾燥）　½カップ
めんつゆ（ストレート）　1カップ
八角　1個

**1**　鍋に青大豆とたっぷりの水を入れて火にかけ、沸騰したら蓋をして火を止めて、余熱で火を入れる。冷めたらもう一度火にかけ、沸騰したら蓋をして火を止める（好みのかたさになればOK）。
**2**　1をザルに上げ、熱いうちにめんつゆと八角とともに保存容器に入れる。冷蔵庫で1日ほどおくと味がなじむ。
＊日持ちは冷蔵庫で5日ほど。

## 11 煮干しと打ち豆の炒め煮

打ち豆はすぐに火が入るので、
豆の中でいちばん調理が楽。
煮干しはだし用ではなく、
食べておいしい小ぶりのものがおすすめ。

**材料**（2～3人分）
煮干し（そのまま食べるタイプ）　10g
打ち豆　¼カップ
しょうゆ　小さじ2
ごま油　小さじ1
実山椒のすりおろし
（好みで粉山椒、七味唐辛子でも）　適量

**1**　鍋に水1カップと煮干し、打ち豆を入れて蓋をし、弱火で5分ほど煮る。豆が水分を含んできたらしょうゆ、ごま油で味を調える。
**2**　器に盛り、実山椒のすりおろしなどをふる。

魚醬とオリーブ油で和えた
エスニック風のピーマンを、
薄切りのトーストではさみます。
ピーマンの向きを
そろえてのせると食べやすい。

**材料**（2人分）
ピーマン　1個
削り節　2g
食パン（8枚切り）　2枚
にんにく　少々
塩　ひとつまみ
魚醬（ナンプラーなど）　数滴
オリーブ油　小さじ1

**1**　ピーマンはヘタと種を取って細切りにし、熱湯でさっとゆでる。削り節、塩、魚醬、オリーブ油をボウルに入れて混ぜ、ピーマンを加えて和える。
**2**　食パンはトーストして表面に軽くにんにくの断面をこすりつける。**1**をパンにのせてはさみ、食べやすく切って器に盛る。

ピーマンを削り節で和えただけでも
おいしいのですが、
パンにはさむと、また違ったおいしさ。
意外な組み合わせを楽しんでください。

# 12 かつお節ピーマンのサンド

## 13 切り干し大根と干ししいたけの水餃子

うまみの強い２種の乾物を豚肉と合わせて、
餃子のあんに。しみじみおいしい組み合わせ。

**材料**（約25個分）
餃子の皮（p.61）　約25枚
豚ひき肉　100g
切り干し大根（市販でも可）　20g
干ししいたけ　１枚
しょうが（みじん切り）　小さじ１
しょうゆ　大さじ１

**1**　切り干し大根は水でもどし（もどすと100gになる）、みじん切りにする。干ししいたけも水でもどしてみじん切りにする。
**2**　餃子の皮以外の材料をよく混ぜ、餃子の皮で等分に包み、熱湯で４～５分ゆでる。

大根の皮を厚めにむいて
そのまま乾燥させれば、
自家製干し大根に。
使うときはやわらかくなるまで
水でもどし、刻んで使います。

## 14 干しえびと高野豆腐の水餃子

豚肉は使わず、ほぼ乾物で作る餃子。
うまみはしっかり、かつ軽い食べ心地です。

**材料**（約25個分）
餃子の皮（p.61）　約25枚
高野豆腐　２枚（約32g）
干しえび（刻む）　小さじ２
長ねぎの青い部分（小口切り）　60g
しょうゆ　大さじ１
ごま油　大さじ１
パクチーの葉（好みで）　適量

**1**　高野豆腐は水でもどし、水気を絞ってざく切りにする。
**2**　フライパンにごま油を中火で熱し、長ねぎを入れてさっと火を通す。干しえびとしょうゆを加えて混ぜて火を止め、高野豆腐を加えて混ぜる。粗熱が取れたら刻んだパクチーの葉を混ぜる。
**3**　餃子の皮で**2**を等分に包み、熱湯で４～５分ゆでる。

高野豆腐は粗く刻むのでOK。
ねぎの青い部分とパクチーの
香りも加わり、肉なしでも
十分うまみがあります。

# 餃子の皮を作る

餃子を皮から作るのは、
それなりに手間はかかりますが、
手作りの皮は
もっちりしていてやわらかく、
わざわざ作りたいおいしさです。
材料は粉と水だけ。
時間もそれほどかかりませんので、
気軽な気分で、楽しみながら
作ってみてください。

**材料**（約25枚分）
強力粉　200g
水　100mℓ

**1**　ボウルに強力粉を入れ、水を少しずつ加えながら箸で混ぜる。生地がまとまってきたら指でもみながらひとまとめにし、蓋をするかラップをかけて5分寝かせる。
**2**　指先で生地をもみながらこねては5分寝かせるのを3回くらい繰り返す（この間にあんを作るとよい）。こうすることでなめらかな生地になる。
**3**　生地を細長くのばし、包丁で25等分（1個15～20g）に切る（**a**）。麺棒で薄く円形にのばし（**b**）、あんをのせて包む（**c・d**）。

**a**：打ち粉をふって作業をすると、生地がくっつきません。
**b**：生地を少しずつ回転させながらのばすと、丸い形になります。
**c**：周囲を手でつまんで閉じます。手作りの皮はのびがよいので、包みやすい。
**d**：端を合わせれば、ころんとした円形に。

# 5 サルボ恭子さんのフレンチつまみ

フランス人にとって、アペリティフは欠かせない習慣。ナッツなどをつまみながら、お酒を1～2杯楽しむ時間は、仕事が終わり、夕食に切り替えるための導入的な意味をもちます。サルボ恭子さんのフランス人のご主人も、仕事終わりに必ず、カフェなどでビールやワインを楽しむそう。

「近況報告など、おしゃべりをしながら1時間くらい。乾きものや、パンにペーストをのせたカナッペなど、手でつまんで気軽に食べられるものが好まれます。フランスには豆皿はありませんが、パンはフランス人にとって豆皿のような存在。パンが受け皿になってくれます。作り置きできる冷菜も、フランス人にとっての豆皿つまみといえそうです」

仕事はフランス料理がメインのため、真っ白な洋皿を使うことが多いのですが、ご自宅では和食と洋食が半々くらい。和の器もひととおりそろえています。

「プライベートでは骨董や染め付けの器も好んで使います。色柄が全体に入った和の皿は、大皿だと主張しすぎるため、豆皿のほうが取り入れやすいですね」

フランス料理×豆皿つまみ。野菜をバランスよく組み込んだ料理はどれも彩り豊かで、何品かを少しずつ盛るとテーブルが華やぎます。

さるぼ・きょうこ

料理家。老舗旅館の長女として生まれる。会社員を経て、料理家の叔母に師事し、料理の世界へ。その後、渡仏してパリのグランメゾンで研鑽を積む。帰国後は料理教室を中心に、雑誌等でレシピを提案するほか、著書も多数。30代でフランス人の夫と結婚し、2児の母となる。

1

バスク料理をアレンジ

## たこのピペラド和え

→レシピ p.66

2

ギリシャ風ヨーグルトサラダ

## サラダグレッグ

→レシピ p.66

## 3

レーズンとクミンがアクセント

# かぼちゃのモロッコ風

→レシピ p.67

## 4

オーブンまかせの一品

# 鶏もも肉と紫玉ねぎの粒マスタードマリネ

→レシピ p.67

## 1 たこのピペラド和え

パプリカやトマトを煮込んだ
バスク地方の料理、ピペラド。
レンチンで作り、最後にたこを
和えるだけで、洋風の一皿が完成。

**材料**（作りやすい分量）
ゆでだこ　1本（120g）
パプリカ（赤）　2個
にんにく　½かけ
玉ねぎ　½個
塩　小さじ½
トマトペースト（6倍濃縮）　3パック（54g）
パプリカパウダー　小さじ1

**1**　たこは薄いそぎ切りにする。
**2**　パプリカは縦半分に切ってヘタと種を取り除き、横半分に切ってから縦1cm幅に切る。にんにく、玉ねぎは薄切りにする。
**3**　耐熱ボウルに**2**、塩を入れてひと混ぜし、ラップをかけて電子レンジ（600W）でしんなりするまで3〜4分加熱する。トマトペーストを加えて混ぜ、冷めるまでおく。
**4**　**3**にパプリカパウダーとたこを加えて混ぜ、味を見て足りないようなら塩（分量外）で調える。
＊日持ちは冷蔵庫で4〜5日。

野菜を電子レンジで加熱した後、
濃縮トマトペーストで和えれば、
ピペラドに似たベースが完成。
パプリカとトマトのうまみが凝縮。

## 2 サラダグレッグ

サラダグレッグとはギリシャ風サラダの意味。
じゃがいもは加熱しても崩れにくく、
しっかりした食感の品種が向いています。
オリーブは黒でも緑でも、好みのもので。

**材料**（作りやすい分量）
じゃがいも（メークインなど）　1個
きゅうり　小1本
ピーマン　小2個
アンチョビ（フィレ）　2枚
ギリシャヨーグルト（無糖）　80〜100g
塩　小さじ⅓
ドライハーブ（オレガノ）　小さじ½
オリーブ（種なし）　8個

**1**　じゃがいもは皮をむき、厚さ1cm弱の輪切りにする。沸騰した湯に入れて、竹串がすっと通るくらいに2〜3分ゆで、ザルに上げて冷ます。
**2**　きゅうりは5mm厚さの輪切りにする。ピーマンは縦半分に切ってヘタと種を取り除き、横に薄切りにする。
**3**　アンチョビを粗みじん切りにしてボウルに入れ、**1**、**2**、残りの材料を加えて混ぜ合わせる。味を見て足りないようなら塩（分量外）で調える。
＊日持ちは冷蔵庫で3〜4日。水分が出てきたら塩で調味し直す。

ギリシャ料理には欠かせない
水きりヨーグルトで、全体を
さっぱりまろやかにまとめます。
アンチョビのコクが隠し味。

## 3 かぼちゃのモロッコ風

かぼちゃはオーブンで焼くと、
ホクホクに仕上がります。
味のポイントとなるナッツやスパイスを
オーブンで一緒に焼くことで、
香りがよく、ぐっとおいしくなります。

**材料**（作りやすい分量）
かぼちゃ　280g
レーズン　7～8粒
アーモンドスライス　30g
クミンシード　小さじ1
塩　少々
オリーブ油　大さじ1強

**1**　かぼちゃは種とわたを取り除き、2～3cm角に切る。レーズンは粗みじん切りにする。
**2**　オーブンの天板にアルミホイルを敷いてかぼちゃを並べ、160度に予熱したオーブンで10分焼く。
**3**　2～3分たったら、オーブンの天板の空いているところに、アーモンドスライスとクミンシードをのせて7～8分一緒に焼く。
**4**　かぼちゃはボウルに入れ、アーモンドは別に取り出し、クミンシードはすり鉢に入れてする。
**5**　かぼちゃをフォークの背で粗くつぶし、クミンシード、**1**のレーズン、塩、オリーブ油を加えて混ぜる。味を見て足りないようなら塩(分量外)で調え、アーモンドスライスを手で粗くつぶして加えて混ぜる。
＊日持ちは冷蔵庫で1週間ほど。

## 4 鶏もも肉と紫玉ねぎの粒マスタードマリネ

鶏肉と紫玉ねぎをオーブンで焼いて、
粒マスタードで和えるだけ。
シンプルな調理法なのに、
ごちそう感のある料理になります。

**材料**（作りやすい分量）
鶏もも肉　1枚(300g)
紫玉ねぎ　1個(200g)
塩　小さじ1/3
米油　小さじ1
粒マスタード　小1瓶(103g)

**1**　鶏肉は6等分に切る。紫玉ねぎは縦半分に切ってから、3等分のくし形切りにする。
**2**　オーブンの天板にオーブンシートを敷いて**1**を並べ、塩をふり、米油を回しかける。220度に予熱したオーブンで12～13分焼く。
**3**　**2**をバットに移し、温かいうちに粒マスタードを絡める。鶏肉を食べやすく切り、紫玉ねぎとともに器に盛る。
＊冷めたら保存容器に移し、日持ちは冷蔵庫で4～5日。

鶏肉はふっくら、玉ねぎは
しんなりジューシーに焼けます。
オーブンで焼いている間に
別の作業ができるので便利。

## ディップ3種

フランス人にとっておつまみといえば、スライスしたバゲットにペーストをのせたカナッペ。カトラリーは要らず、手でつまめるのも人気の理由です。ここでは、味わいの異なる3種のディップを紹介します。

## きのことナッツのペースト

きのこを数種類ミックスすること、
そしてナッツを加えることで、
奥深い味わいのペーストになります。

**材料**（作りやすい分量）
しめじ　1パック（100g）　しいたけ　4個（70g）
エリンギ　2本（100g）　玉ねぎ　¼個
ミックスナッツ（素焼きのもの）　60g
塩　小さじ½
こしょう　適量

**1**　しめじは長さを半分に切ってほぐす。エリンギはしめじと同じくらいの大きさに切る。しいたけ、玉ねぎは薄切りにする。
**2**　**1**をボウルに入れて塩をふり、ラップをかけて電子レンジ（600W）で3〜4分加熱する。
**3**　**2**の粗熱が取れたらミックスナッツとともにフードプロセッサーに入れてペースト状になるまで攪拌する。味を見て足りないようなら塩（分量外）で調え、こしょうを加えて混ぜる。
＊日持ちは冷蔵庫で6〜7日。

## なすのキャビア

焼きなすをキャビアに見立てた料理で、
別名、貧乏人のキャビア。
見た目よりさっぱり、さわやかな味。

**材料**（作りやすい分量）
なす　5個
しょうが（すりおろす）　1かけ
塩　小さじ½
黒オリーブ（種なし）　30個
オリーブ油　大さじ1

**1**　なすはヘタを切り、オーブンの天板にオーブンシートを敷いて並べる。200度に予熱したオーブンで15分焼いて取り出し、冷めるまでおく。
**2**　なすの皮をむき、ぶつ切りにする。
**3**　**2**とその他の材料をフードプロセッサーに入れてペースト状になるまで攪拌する。味を見て足りないようなら塩（分量外）で調える。
＊日持ちは冷蔵庫で5日ほど。

## ブランダード

じゃがいもは男爵やキタアカリのような
ホクホクしたタイプがよく合います。
パン粉やチーズをのせて焼いてもおいしい。

**材料**（作りやすい分量）
生たら　2切れ（200g）
じゃがいも（男爵やキタアカリ）　大1個（200g）
にんにく（薄切り）　1かけ
塩　ふたつまみ
白ワイン　大さじ2
タイム　3〜4本（ローリエ2枚でも可）
マヨネーズ　大さじ3

**1**　たらを耐熱皿に並べて塩をふり、白ワインをふりかけてタイムをのせる。ラップをかけ、電子レンジ（600W）で2分加熱して完全に火を通し、冷めるまでそのままおく。
**2**　じゃがいもは皮をむいて2〜3cm角に切り、にんにくとともに鍋に入れ、かぶるくらいの水を入れて中火にかける。沸騰したら火を少し弱め、竹串がすっと通るくらいにやわらかくなるまで、6〜7分ゆでる。ザルに上げて水気をきり、ボウルに移して麺棒などで粗くつぶす。
**3**　**1**のたらの皮と骨、タイムを取り除き、**2**のボウルに加え、マヨネーズも加えて混ぜる。味を見て足りないようなら塩（分量外）で調える。
＊日持ちは冷蔵庫で5日ほど。

# 8 ミックスチーズのつぶつぶペースト

少しずつ残ってしまったチーズを合わせて
つぶつぶ感を残しつつ、ペーストにしたもの。
やわらかいクリームタイプのものが入ると作りやすく、おいしいです。

**材料**（作りやすい分量）
カマンベールチーズ　90g
クリームチーズ　100g
ピザ用チーズ　30g
ラディッシュ　適量

**1**　フードプロセッサーに3種類のチーズを入れ、混ざるまで攪拌する。
**2**　ラディッシュなどの野菜とともに皿に盛る。
＊日持ちは冷蔵庫で10日ほど。

好みの野菜につけて食べるほか、
パンにのせてこんがり焼いても。
ゆでたショートパスタに絡めると、おつまみにもぴったり。

**材料**（作りやすい分量）
ミックスビーンズ（ドライパック）　100g
セミハードチーズ
（コンテ、グリュイエールチーズなど）　40g
ロースハム　２枚
白ワインビネガー（米酢でも可）　小さじ⅓
塩　ひとつまみ
オリーブ油　小さじ１
こしょう　適量
好みのレタス　適量

**1**　ロースハムは5mm四方に、チーズは5mm角に切る。

**2**　ボウルに白ワインビネガーと塩を入れ、よく混ぜて塩を溶かし、オリーブ油とこしょうを加えて混ぜる。**1**とミックスビーンズを加えて混ぜる。

**3**　レタスは食べやすい大きさにちぎって水につけ、パリッとさせてから水気をきる。器に盛り、**2**をのせる。

＊日持ちは冷蔵庫で１週間ほど。

豆、ハム、チーズの３種の
たんぱく質をミックス。
ワインビネガーと塩、
オリーブ油を混ぜた定番の
フレンチドレッシングで
さっと和えれば完成。

市販の食材を組み合わせて簡単に作れるのに、
華やかで、食卓にあるとうれしい一品。
フレンチドレッシングが決め手です。

# 9 豆とチーズとハムのマリネ

## 10 スモーキーキャロットラペ

レモンの風味をきかせた
ノンオイルのキャロットラペに
スモークチーズをトッピング。
定番とは違った味わいです。

**材料**（作りやすい分量）
にんじん　2本（180g）
塩　小さじ⅓
レモン（国産）　小1個
スモークチーズ　適量

**1**　にんじんは皮をむき、チーズグレーターですりおろしてボウルに入れる。
**2**　塩を加え、レモンの皮をすりおろし、さらにレモン汁1個分を搾り入れてよく混ぜる。
**3**　にんじんがしんなりしたら器に盛り、スモークチーズをすりおろしてのせ、混ぜて食べる。
＊キャロットラペの日持ちは冷蔵庫で6～7日。スモークチーズは食べるときにすりおろす。

## 11 長ねぎとマッシュルームのマリネ

とろとろに煮込まれた長ねぎがごちそう。
マッシュルームのだしと
バターのコクが染みています。

**材料**（作りやすい分量）
長ねぎ　2本
ホワイトマッシュルーム　5個
塩　小さじ⅓
レモン（国産）の輪切り　2枚
バター（食塩不使用）　5g

**1**　長ねぎは白い部分を3cm幅に切る。マッシュルームは縦3～4等分に切る。
**2**　鍋に長ねぎを並べ入れ、塩と水300mℓ、レモンの輪切りを入れる。中火にかけてぐつぐつとしてきたら火を少し弱め、蓋をして6～7分煮る。
**3**　マッシュルームとバターを加えて火を止め、蓋をしたまま余熱でマッシュルームに火を通す。
＊日持ちは冷蔵庫で6～7日。

## 12 ししゃものイタリアーノ

焼いてそのまま食べることが多いししゃもを
イタリア風のマリネに。
さっぱりして、白ワインに合います。
日持ちするのもうれしい。

**材料**（作りやすい分量）
ししゃも　8尾
セロリ　1本
ドライトマト　1枚（4～5g）
サラミスライス　2枚
塩　ふたつまみ
白ワインビネガー　小さじ1

**1**　セロリは斜め薄切りにする。ドライトマトとサラミは細切りにする。
**2**　保存容器に**1**と塩、白ワインビネガー、水小さじ2を入れてひと混ぜする。
**3**　ししゃもを魚焼きグリルでこんがりと焼く。熱いうちに**2**に並べ、5分おいたら全体を返す。
＊冷めたら冷蔵庫に入れ、日持ちは5～6日。

# 13 いかとかぶのタブーレ

熱湯ですぐにふやけるクスクス。
いかをゆでただし汁を使ってもどし、
うまみを染み込ませます。
かぶとかぶの葉が香りと食感のアクセント。

**材料**（作りやすい分量）
紋甲いか（冷凍のもの）　80g
かぶ　1個（100g）
細ねぎ　4本
ケッパー（酢漬け）　大さじ2
クスクス　½カップ（80g）
オリーブ油　小さじ1強
塩　小さじ¼

**1**　かぶは皮をむき、5mm角に切ってボウルに入れ、塩ふたつまみ（分量外）を加えて混ぜる。5分おいてしんなりしたら水気を絞る。かぶの葉はみじん切りにする。
**2**　いかは凍ったまま5mm角に切って5〜6分おき、解凍したらキッチンペーパーで水気を拭く。
**3**　細ねぎは小口切りにする。ケッパーは粗みじん切りにする。
**4**　ボウルにクスクスを入れる。
**5**　小鍋に水を入れて中火にかける。沸騰したらいかを入れ、色が変わって火が入るまで30秒ほどゆでる。ゆで汁を80mℓ取って熱いうちに**4**のボウルに入れ、ラップをかけて5分おいてクスクスをふやかす。いかはザルに上げる。
**6**　スプーンの背でクスクスをほぐし、いか、**1**、**3**、オリーブ油、塩を加えて混ぜ合わせる。味を見て足りないようなら塩（分量外）で調える。
＊日持ちは冷蔵庫で4〜5日。

いかをゆでた汁はうまみたっぷり。
この汁でクスクスをもどします。
クスクスのボウルに具を入れて、
さっと和えれば完成。

甘みのある干しいもをひき肉だねの
中に押し込みます。
シンプルな材料で作れる簡単テリーヌ。
小さい型を使うと焼き時間も
短くてすみます。

市販のマフィンカップを使って
おつまみサイズのテリーヌにしました。
一口サイズにカットして、豆皿に盛りつけて。

**材料**（容量100mℓのマフィンカップ3個分）
鶏ひき肉　300g
干しいも　30g
塩　3g
ナツメグパウダー　小さじ½
粗びき黒こしょう　小さじ½

**1**　干しいもはマフィンカップの直径より短い棒状に切り、12本用意する。
**2**　ボウルに鶏ひき肉、塩、ナツメグパウダー、黒こしょうを入れて手早く混ぜ合わせ、マフィンカップに均等に詰める。
**3**　**2**に干しいもを4本ずつ押し込み、カップを台にトントンと打ちつけて空気を抜く。
**4**　**3**を天板に並べ、200度に予熱したオーブンで15分焼いて取り出す。冷めたら冷蔵庫に入れてひと晩おき、味をなじませる。食べやすい大きさに切り分けて器に盛る。カップの下にたまった煮こごりを添えても。
＊日持ちは冷蔵庫で6～7日。

# 14 鶏ひき肉と干しいものミニテリーヌ

# 6 瀬尾幸子さんの昭和の横丁つまみ

「お店に入ったらまずはお酒1杯と料理1品を頼み、次は何を食べようかと考えている時間も大切にしている」と、外でひとり飲みする時間も大切にしている瀬尾幸子さん。酒飲みはちびちび飲んで長い時間楽しみたい。手の込んだものではなく、気のきいたつまみを食べたい、といいます。それは家でも同じ。最初に2〜3品さっと作れるものを用意。もう1品欲しいなと思ったら、酔っぱらっていても作れる、超カンタンつまみの出番です。

「昭和の居酒屋メニューのように、シンプルな味は飽きないし、疲れません。つまみはメインではなくお酒を飲むためのサブ的な存在なので、気楽に遊べるのがいいところ」

　実際、瀬尾さんのおつまみは、レシピが驚くほどシンプル。巻かない卵焼きや、下処理不要の鶏レバ煮、レンチンポテトサラダなど、当たり前だと思ってきた工程を取り除くと、その料理に本当に必要なものが見えてきます。工程や材料を少なくすることで、作りやすくなるだけでなくおいしくなる。それが瀬尾つまみの人気の理由です。

「料理は生活の中でいちばん身近なものでありながら、多くの大切な何かを知ることができます。まずは、得意料理を3つ作ることから始めてみてください」

せお・ゆきこ

料理研究家。大学卒業後、フードコーディネーターとして経験を積み、独立。料理初心者でもおいしく作れて、毎日食べても飽きないシンプルな家庭料理が得意。大のお酒好きで、『おつまみ横丁』（池田書店）をはじめ、おつまみ本も多数出版。過去に2回、料理レシピ本大賞を受賞。

## 1

## 鯛のごま和え

たっぷりのごま衣で和えるだけ

→レシピ p.80

## 2

## 鶏のレバ煮

温かくても冷たくてもおいしい

→レシピ p.80

**3**

だし要らず、ふんわりやわらか

## ねぎ入り卵焼き

→レシピ p.81

**4**

レンチン蒸しでしっとり

## ポテトサラダ

→レシピ p.81

# 1 鯛のごま和え

うまみの強い鯛の刺身を使った
5分でできる極上つまみ。
香りのよい粉山椒をふりかけると、
ぐっと上品になり、お酒が進みます。

**材料**(2人分)
鯛(刺身用)　70g
しょうゆ　大さじ1
白すりごま　大さじ1と½
粉山椒　少々

**1**　鯛は5mm幅の薄切りにしてボウルに入れる。
**2**　しょうゆをまぶし、白ごまを加えて混ぜる。
**3**　器に盛り、粉山椒をふる。

残ったごま和えで締めの一品。
鯛はうまみが強いので、ごはんに鯛のごま和えをのせて、
お湯をかけるだけで、まるでだし茶漬けのような味わいに。
しょうゆを少し足して味を調えてください。

鯛の刺身が残ったら、
昆布締めにしておくと
1週間ほどおいしく食べられます。
昆布は水にさっとくぐらせて
少しやわらかくしてから鯛をはさみ、
ラップで包みます。

# 2 鶏のレバ煮

最近のレバーは新鮮でくさみがないので、
くさみ取りの下処理は必要ありません。
冷たくてもおいしいので
多めに作って冷蔵保存するのがおすすめです。

**材料**(作りやすい分量)
鶏レバーとハツ　合わせて250g
しょうゆ　大さじ2
みりん　大さじ2
水溶き片栗粉(混ぜ合わせる)
│片栗粉　大さじ1弱
│水　大さじ1
七味唐辛子　適量

**1**　鶏レバーは2.5cm角に切る。ハツは縦半分に切って中の血のかたまりを取り出して洗う。
**2**　**1**を鍋に入れ、しょうゆとみりんを加えて中火にかける。煮立ったら1〜2分、火が通る少し手前まで煮る。
**3**　水溶き片栗粉を加え、かためのとろみをつける。火を止めて蓋をし、余熱で火を通す。5分くらいおいて全体を混ぜる。
**4**　器に盛り、七味唐辛子をふる。
*日持ちは冷蔵庫で5日ほど。

レバーとハツが一緒になって
いるものを購入すると、
2つの部位を楽しめます。
火を通しすぎないのがポイント。
弾力が出てきたらとろみをつけて
火を止めます。

## 3 ねぎ入り卵焼き

だし巻き卵のような味わいなのに
だしは入らず、薄く巻く必要もなし。
炒めたねぎがうまみになり、
味付けは塩だけで十分おいしい。

**材料**（2人分）
卵　2個
長ねぎ　10cm
塩　小さじ⅓
サラダ油　小さじ2

**1**　長ねぎは縦4つ割りにしてから、小口切りにする。
**2**　卵は塩、水大さじ1と½を加えて溶きほぐす。
**3**　卵焼き器を中火にかけ、温まったらサラダ油を入れ、長ねぎを加えて焦がさないように炒める。
**4**　長ねぎがしんなりしたら卵液を流し入れ、ゆっくり大きくかき混ぜる。半熟より少し手前で折りたたんで片側に寄せる。
**5**　焼き色がついてきたら上下を返し、反対の面も焼く。食べやすい大きさに切って器に盛る。

卵液を一度に流し入れ、
菜箸をゆっくり動かして
半熟の状態を作ります。ほどよく
半熟になったら、へらに持ち替え、
2回ほどたたんでまとめます。

## 4 ポテトサラダ

冷めてもしっとりなめらかな
居酒屋の定番ポテトサラダ。
玉ねぎときゅうりは水気を絞りすぎないように。
酢を隠し味にして、マヨネーズは少なめに。

**材料**（2～3人分）
じゃがいも　2個（250g）
玉ねぎ　⅙個（40g）
きゅうり　½本
ハム　2枚
塩　小さじ¼
こしょう　少々
酢　小さじ1～1と½
マヨネーズ　大さじ2と½
粗びき黒こしょう　少々

**1**　じゃがいもは皮をむいて一口大に切り、耐熱容器に入れる。
**2**　水100mℓを加え、蓋をするかラップをかけ、電子レンジ（700W）で5分加熱する。水気はきらず、熱いうちにマッシャーかフォークでつぶす。
**3**　玉ねぎ、きゅうりは薄切りにし、塩小さじ¼（分量外）をふってしんなりしたら、水気を軽く絞る。ハムは1cm四方に切る。
**4**　**2**のじゃがいもに、**3**、塩、こしょう、酢、マヨネーズを加えて混ぜる。
**5**　器に盛り、黒こしょうをふる。

じゃがいもは丸ごとレンジにかけると
熱の入り具合にムラが出るので、
小さく切ってから水を加えて
蒸すように加熱します。
水分を残したままじゃがいもをつぶすと、
冷めてもしっとりやわらかな状態に。

## 5 みょうがのみそ焼き

みょうがにみそを塗って香ばしく焼くだけ。
みょうがは火を通しすぎないのがポイント。
香りとシャキシャキ感を残します。

**材料**（1人分）
みょうが　1個
みそ　小さじ1

**1**　みょうがは縦半分に切り、金串やフォークに刺す（フォークの場合は1切れずつ）。
**2**　切り口にみそを塗り、直火であぶってみそを焦がす。みょうがは半生でよい。

みょうがの断面にみそを塗り、
みそがこんがり焦げて香りが出るまで
直火に当てます。
みょうがはなるべく生の状態に
したいので、火に当てないように。

## 6 きゅうりと削り節の和えもの

ツナとマヨネーズが合うことから、
ツナを削り節に替えて、マヨネーズ和えに。
ツナ和えよりもさっぱり、軽いおつまみです。

**材料**（2人分）
きゅうり　1本
削り節　3g
塩　小さじ¼
マヨネーズ　小さじ2～大さじ1
しょうゆ　小さじ1

**1**　きゅうりは薄い輪切りにし、塩をふり、しんなりするまでおく。
**2**　水気を軽く絞ってボウルに入れ、削り節、マヨネーズ、しょうゆを加えて混ぜる。

酔っぱらっていても作れる、
もう1品欲しいときの1分つまみ。
チーズに塗るものは、そのときの気分とお好みで。

**材料**（1人分）
焼きのり（全形）　1枚
スライスチーズ　2枚
おろしわさび　適量

**1**　焼きのりは半分に切り、半面にスライスチーズを1枚のせ、チーズにおろしわさびを塗る。
**2**　焼きのりをかぶせてチーズをはさみ、一口大に切る。

のりでチーズをはさむだけ。
おろしわさびの代わりに、
練り梅、黒こしょう、
みそなど、お好みのもので。

大阪・十三《じゅうそう》のトリスバーで食べた
メニューをアレンジしました。
お酒を飲むときは炭水化物も必要。
おつまみなので、小さめのパンがちょうどよい。

**材料**（2人分）
イングリッシュマフィン　1個
長ねぎ　3cm
チャーシュー（市販）　30g
マヨネーズ　大さじ1と½
七味唐辛子（好みで）　少々

**1**　長ねぎは縦4つ割りにしてから、7mm幅に切る。チャーシューは1cm角に切る。
**2**　長ねぎとチャーシューをマヨネーズで和える。
**3**　イングリッシュマフィンを2つに割り、**2**を等分にのせる。
**4**　オーブントースターで焦げ目がつくまで焼く。半分に切って器に盛り、七味唐辛子をふる。

# 9 サーモンのカルパッチョ

洋風のカルパッチョに和風のエッセンス。
しょうゆとオリーブ油の組み合わせがよく、
なじみのある味わいになります。
水きりヨーグルトの代わりに、カッテージチーズでも。

**材料**（2人分）
サーモン（刺身用）　80g
玉ねぎ　1/6個（40g）
ケッパー（酢漬け）　大さじ1
塩、粗びき黒こしょう、しょうゆ　各適量
レモン汁　小さじ2
オリーブ油　大さじ1
水きりヨーグルト（無糖）　適量

**1**　玉ねぎは薄切りにし、塩少々をふってしんなりするまでおき、辛みを抜く。
**2**　サーモンは薄切りにする。
**3**　器に玉ねぎ、サーモンを盛り、サーモンにケッパーを1粒ずつのせる。塩、黒こしょう、しょうゆ、レモン汁、オリーブ油をかけ、水きりヨーグルトを添える。

**材料**（1人分）
卵　1個
ねぎみそ（右記参照）　小さじ1

**1**　鍋に湯を沸かし、冷蔵庫から出したての卵を入れる。その際、卵の殻の平らなほうに画びょうなどで穴を開けると、殻にヒビが入らず、上手にゆでられる。コトコトと煮立つくらいの火加減で、静かに転がしながら6～8分（固ゆでなら10分）、好みのかたさにゆでる。水にとって冷まし、殻をむいて半分に切る。
**2**　器に卵を盛り、ねぎみそをのせる。

**◎ねぎみそ**（作りやすい分量）
長ねぎ　1本（80g）
みそ　1カップ
削り節　4g

長ねぎは小口切りにし、その他の材料と合わせて練り混ぜ、10分以上おく。
＊保存容器に入れ、日持ちは冷蔵庫で1か月ほど。おかゆにのせたり、おにぎりの具に。お湯を注いで即席のみそ汁にも。油揚げにはさんで焼いてもおいしい。

長ねぎと削り節とみそは見た目で同量くらい。みそがつなぎとなってまとまればOK。

ゆで卵を失敗せずに作るには、
冷蔵庫から出したての卵を熱湯に入れること。
これで、火の通り方が一定になります。
ねぎみそは、いろいろな料理に使えて便利です。

# 11 かれいの煮付け

煮魚は中まで味が染みるほど
長く煮る必要はありません。
中は白くふっくらした状態で、
煮詰めた煮汁を絡めて食べるのがおいしい。

**材料**（2人分）
かれい（切り身）　2切れ
酒　50mℓ
しょうゆ　大さじ2
砂糖　大さじ1
しょうが（せん切り）　適量

**1**　かれいは表面のぬめりを洗い流してしっかりうろこを取る。皮面に十字の切り込みを入れる。

**2**　鍋に水80mℓ、酒、しょうゆ、砂糖を入れて混ぜ、かれいを入れる。

**3**　中火にかけ、煮立ったら落とし蓋をして、コトコト煮立つくらいの火加減にする。

**4**　10分ほど煮て、煮汁の煮詰まり加減を見る。まだ煮汁がたっぷりあれば、落とし蓋を取り、軽くとろみがつくくらいまで中火で煮詰める。

**5**　器に盛り、しょうがをのせ、ゆでたオクラ（あれば）を添える。

＊魚は鮭や鯛など、かれい以外でもよい。骨付きなら10分、切り身なら8分程度で煮上がる。身が厚い場合は中まで火が通るのに少し時間がかかる。

調味料と魚を最初から鍋に入れて
火にかけます。沸騰するまでは
蓋をせず、アルコール分とともに
魚のくさみも飛ばします。
沸騰したら落とし蓋をして、
煮汁を対流させます。

**材料**（2人分）
あじ（三枚おろし）　1尾分
しょうゆ　小さじ1
天ぷら粉　大さじ1
パン粉　適量
揚げ油　適量
甘酢玉ねぎ（p.88）、好みのソース　各適量

**1**　あじは5cm長さに切り、しょうゆを絡めて下味をつける（くさみ消しになる）。
**2**　ボウルに天ぷら粉と水大さじ1を入れて混ぜる。ここにあじを加えて絡め、パン粉をつける。
**3**　揚げ油を180度に熱し、あじを入れてカラッとするまで揚げる。
**4**　器に盛り、甘酢玉ねぎとゆでたブロッコリー（あれば）を添え、好みのソースをかける。

通常は小麦粉と卵を順番に
つけるところ、天ぷら粉なら
手順をひとつ減らせます。
水で溶いた天ぷら粉を
あじにまんべんなく絡めた後、
パン粉をつけます。

小麦粉と卵の代わりに天ぷら粉を使うと、
仕上がりがふっくら。一口サイズに切ることで
衣がつけやすく、短時間で揚がります。
付け合わせの甘酢玉ねぎがよく合います。

# 玉ねぎマヨネーズ、甘酢玉ねぎを作る

フライの付け合わせや和えものなどに幅広く使える、玉ねぎを使った2品。どちらも玉ねぎと調味料を混ぜるだけですが、玉ねぎは辛みが抜けてしんなりして食べやすくなります。冷蔵庫にあると、おつまみ作りがラクになります。

◎使い方
- タルタルソースの代わりに
- 刻んだゆで卵と混ぜて卵サンドに
- ツナと混ぜてツナサンドに
- はんぺんバター焼きにのせて
- ごはん、卵焼き、焼き鮭にのせて
- 納豆と一緒にのりで巻いて

## 甘酢玉ねぎ

こちらは、フライなど揚げものの付け合わせに。
さっぱりしていて、箸休めにもなります。

**材料**（作りやすい分量）
玉ねぎ　1個
酢　1カップ
砂糖　大さじ4
塩　小さじ½

**1**　玉ねぎは薄切りにする。
**2**　ボウルに酢、砂糖、塩を入れて混ぜ合わせ、**1**を加える。
**3**　保存容器に移し、冷蔵庫でひと晩おく。
＊日持ちは冷蔵庫で2か月ほど。

## 玉ねぎマヨネーズ

玉ねぎをマヨネーズで和えただけなのに、
想像以上に軽くてさわやかな味に驚きます。
あっさりしているので、つい食べすぎてしまうほど。

**材料**（作りやすい分量）
玉ねぎのみじん切り　½カップ
マヨネーズ　½カップ

玉ねぎとマヨネーズ（ほぼ同量）を保存容器に入れて混ぜ合わせる。
＊日持ちは冷蔵庫で2週間ほど。

## 13 玉ねぎマヨネーズを使って

# マカロニサラダ

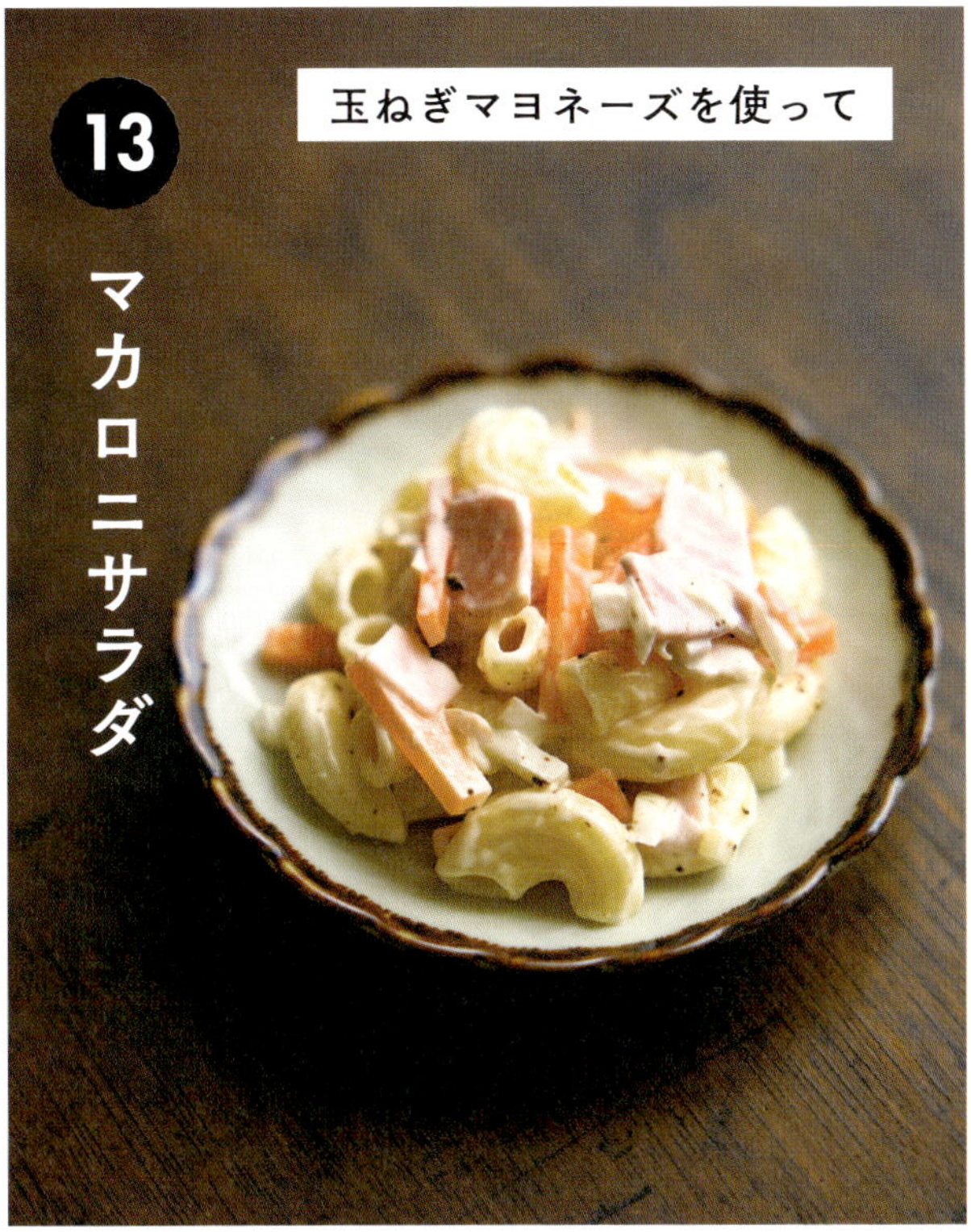

マカロニを通常の3倍長くゆでると
居酒屋で食べる、あの味になります。
やわらかいマカロニがしみじみおいしい。

**材料**（2人分）
マカロニ　30g
にんじん　3cm
ハム　1枚
玉ねぎマヨネーズ　大さじ4
塩、粗びき黒こしょう　各少々

**1**　マカロニは0.5％の塩（1ℓに対して5g、分量外）を加えた熱湯に入れ、標準のゆで時間の3倍ゆでる。
**2**　マカロニをゆでている間ににんじんを短冊切りにし、マカロニがゆで上がる3分前に加えて一緒にゆで、ザルに上げる。
**3**　ハムは1cm四方に切る。ボウルに**2**、ハム、その他の材料を全部入れて混ぜる。

## 14

# 甘辛チキンソテー

甘くこってりした味の鶏肉ソテーに
さっぱりしたマヨネーズソース。
相性のよさにうなります。

**材料**（2人分）
鶏もも肉　1枚
しょうゆ　大さじ1
みりん　大さじ2
玉ねぎマヨネーズ、七味唐辛子　各適量

**1**　鶏もも肉は観音開きにし、厚みを均一にする。
**2**　フライパンを中火で熱し、鶏肉の皮目を下にして入れる。
**3**　肉をフライパンに押しつけながら、皮にこんがり焦げ目がつくまで焼く。
**4**　上下を返し、菜箸がすっと通るまで焼き、余分な脂をキッチンペーパーで吸い取る。
**5**　しょうゆ、みりんを加えて強火にし、焼きつける。
**6**　食べやすく切って器に盛り、玉ねぎマヨネーズを添え、七味唐辛子をふる。

# COLUMN｜みんなの豆皿カタログ

6人の方々のお気に入りの豆皿を見せてもらいました。
出合いのエピソードや使い方など、器選びの参考にしてください。

最近買った皿。もともと大きく欠けていてかけらもなかったので、パテで埋めて金継ぎをしました。器の金色とマッチして素敵に。直径11cm。

やさしい呉須《ごす》の色と、繊細でうるさすぎない微塵唐草模様が使いやすく、使用頻度が高い皿。どんな料理を盛っても映えます。直径9.7cm。

骨董市で端が欠けている状態でお安く購入し、金継ぎをして使っています。皿の落ち着いた緑色と金継ぎの相性もいい。直径10.5cm。

パキッとした王道の青色がきれいな皿で、上品で華やかな花柄も気に入っています。地味な色の料理も華やかに見えます。直径11cm。

淡いピンク色とやさしいブルーの色合いに惹かれて購入しました。ラフな彩色の具合も素敵。旅先で見つけた器の店で。直径9cm。

赤い絵柄の器が好きで購入。菊などの花や蝶々の模様が繊細で美しい。裏側にはブルーで絵が描かれていて、少しお高めでした。直径9.4cm。

世田谷のボロ市で1枚だけ売っていたプリントものの皿。豆皿は1枚で購入することが多く、夫婦で違う色柄の皿を使います。直径11cm。

エメラルドグリーンや黄緑などの淡い緑色が珍しく、色合いが好み。繊細な線で細かく描かれていて、料理を引き立てます。直径11cm。

東京・世田谷のボロ市で見つけた小さな皿。周りの繊細な柄も好きですが、食べ終わった後に魚の柄が出てくるのがかわいい。直径7cm。

お店で前菜を盛るのに使うため、陶芸教室に通って自作した豆皿。全部で15枚ほど作り、色は5色あり。中央には店名のゴム印を押し、赤い絵の具を塗って仕上げています。直径8.5cm。

ガラス作家の池谷三奈美さんの作品。マーブル模様のスクエア皿のほかに、れんげや箸置きもお店で使っています。果物やごま団子などのお菓子にも合います。10.5cm四方。

東京・外苑前の「グランピエ」で、前菜用に購入したもの。深さやサイズがほどよく、自作の器はこの形が元になっています。直径8.5cm。

落ち着いた色みと全面に入った柄が気に入っていて、長く使っている皿。料理を選ばず、何を盛っても映えます。直径11.5cm。

上海で購入した景徳鎮の定番柄の皿。お店を始める前でしたが、将来の店で使えたらと思ってそろえました。直径10×高さ3cm。

ベトナムのソンベ焼きのヴィンテージの器は、東南アジアの民藝品を扱う東京・初台の「tay（テイ）」でそろえました。1枚ずつ柄が異なり、いびつな形や絵の入り方も気に入っています。一番右のみ直径13cm、あとは直径11.5cm。

有田焼の器店が並ぶ通りにあったリサイクルショップで。皿に盛られたあわびの柄がユニーク。ほかにすっぽん、くじら柄も。直径 9.5cm。

スペインの小さな村の器の店で見つけたもの。ぽってりした形と、温かみのある緑の手描きの線が気に入っています。直径 13.8cm。

モロッコの器は大柄で、デザインが好き。10 年ほど前に訪れた際、キャリーケースに 20 枚くらい詰めて帰りました。直径 8.5 ×高さ 4cm。

ウズベキスタンへ旅行したときに購入した、青い色がきれいな器。モロッコの器と比べると柄が細かいのが特徴です。13 × 10cm。

エッグベイカーの受け皿なのですが、料理を盛るのにも意外と使えます。濃い茶色のラインがアクセントで、料理が映えます。直径 13.5cm。

広島の離島で出合った 1 枚 100 円のうるしの皿。道の駅で売られていた掘り出しもので、昔の家でだれかが使っていたもの。直径 10cm。

陶芸家、井山三希子さんのロングセラーシリーズ、オーバルプレートの小皿。白が定番ですが、この明るい黄色も好き。16 × 11cm。

余宮隆さんの器が好きで 10 枚以上持っています。ご本人もお酒好きとあって、おつまみに使いやすい小皿が多いです。直径 11 ×高さ 4.5cm。

インドで購入したジャイプールのブルーポッタリー。手描きの植物模様が特徴ですが、マリーゴールドの花は珍しい。直径 12.8 ×高さ 3cm。

按田優子さん

「按田餃子」で使うために、ペルーの合羽橋のような場所で何十枚も購入したもの。地味な料理を盛っても映えるのがいい。直径 15cm。

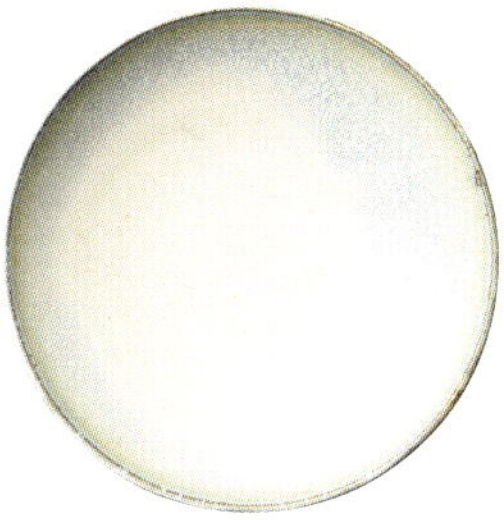

神奈川・三浦のリサイクルショップ「爆安屋」で。今の時代にはあまりない柄や形ですが、どんな料理も盛りやすい。直径 13 ×高さ 4cm。

法隆寺金堂の文字が入った器は、友人がくれたもの。高台が高く、漬けものなどを盛ってもさまになります。直径 11.3 ×高さ 3cm。

縁あって、輪島塗の一式をお安く譲ってもらい、お金をかけてすべて塗り直しました。その中のお椀の蓋を、皿として使用。直径 10.8cm。

旅行先のバルセロナでパートナーへのおみやげに買った小皿。小鳥の柄がなんともかわいく、落ち着いた色みもいい。直径 14.8cm。

「爆安屋」で見つけた皿は、だれかが陶芸教室で作ったものではないかと推測。そういうストーリーを探るのも楽しい。直径 9.3cm。

元々は蓋付きの器。本体は割ってしまったのですが、蓋の内側の模様も素敵だったので、皿として使うように。直径 9 ×高さ 3cm。

こちらも「爆安屋」で。子供が手作りした器のよう。料理を食べ終わったらひよこが出てくるのがかわいらしい。直径 12.4 ×高さ 3cm。

独立したてで、「ちゃんとしたいい食器を使おう」と思って買った作家ものの器。インテリアショップでこの 1 枚を選びました。直径 12cm。

南仏で買った小さなスープ皿は、濃いポタージュなどを少量楽しむのにぴったり。ぽってりとした変わった形が好み。直径 10 ×高さ 5cm。

ベトナムで買った古い器は、使い込まれた感じが気に入っています。西洋っぽくもあり、料理を選びません。直径 14.5 ×高さ 3cm。

1970 年代の日本のデッドストックの器。輸出用に作られたもののようで、何用の器かわからないのがおもしろい。直径 11.5 ×高さ 2cm。

代々木上原「ギャラリー帝」のオリジナル。有田焼の古陶唐草文豆皿はれんげとセットで箸置きにも。帝オンラインストアで販売。7.8 × 6cm。

水牛の角を使ってベトナムで作ってもらったオリジナルの器。白や黒の模様が自然に入っているのが素敵。塩や薬味入れに。9 × 5.8cm。

南仏で購入したオリーブの木の器。いろいろなサイズを持っていて使いやすい。ペーストのほか、オリーブ油や塩を入れても。9 × 6cm。

京都で購入した古伊万里は、自宅用に 10 枚セットで。人が集まるときによく使います。お刺身の 2 点盛りにも重宝。直径 12 ×高さ 3cm。

骨董を扱う器の店で購入。派手すぎず、地味すぎずで、使用頻度が高いです。しょうゆ皿にも、漬けものにも。直径 9 ×高さ 2.5cm。

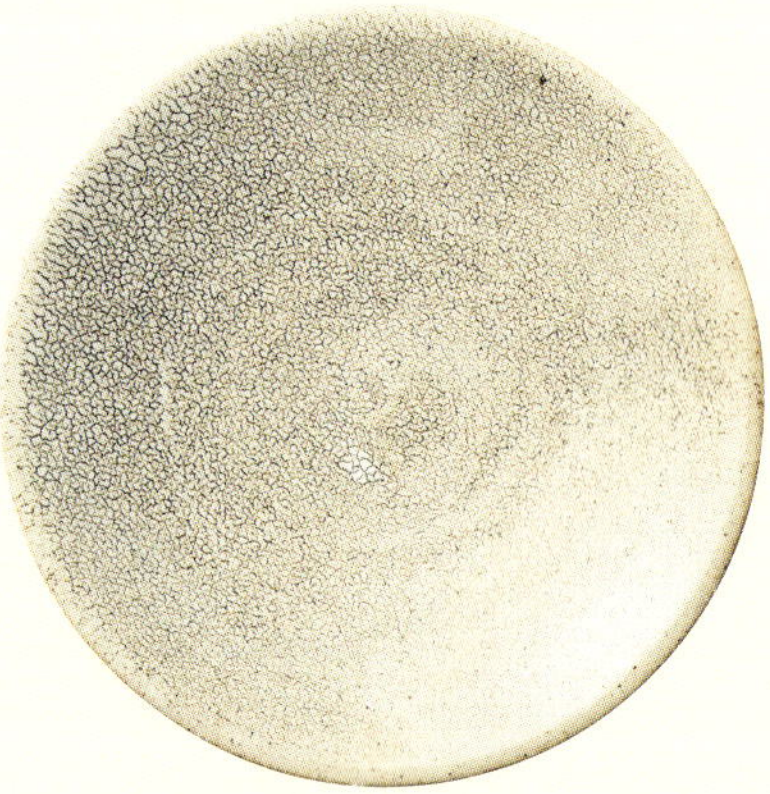

細かい貫入の模様が美しい錆かいらぎの器は、矢部慎太郎さんの店「ギャラリー帝」で購入。料理が映えます。直径 11.5cm。

瀬尾幸子さん

ひょうたん柄が好きで、いろいろと集めています。おてしょ皿とも呼ばれる手塩皿は、しょうゆ皿にちょうどよいサイズ。直径9cm。

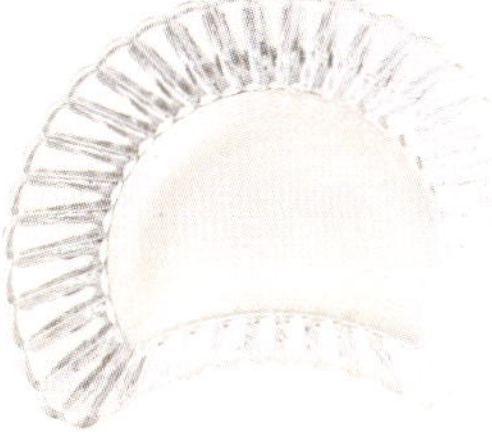

ガラスの器はちょっとした甘いものを盛るのに使います。フルーツにはちみつをかけたものやりんごのコンポートにも。9.5 × 6.5cm。

インテリアショップ「私の部屋」で見つけた現代の器。器を購入するときは、使われていた年代などにはこだわりません。直径11cm。

ヤフオクで40枚くらいまとめて購入した皿。高価なものではなく、庶民の暮らしの中で使っていたような器が好きです。直径11.5cm。

楕円形のような形のこの四角皿は向付に使われるもの。お刺身や煮もの、漬けものなどどんな料理を盛っても映えます。15 × 10.5cm。

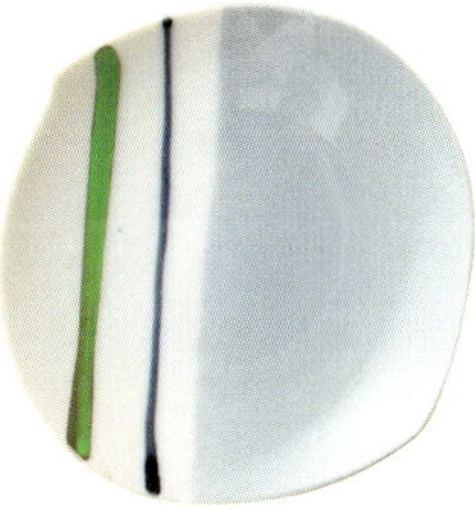

静岡の三島にある昔ながらの陶器店で掘り出しものを見つけました。今はなかなか見かけない昭和らしい柄が気に入っています。直径13cm。

沖縄の器、やちむんの中でも落ち着いた色合いが気に入っています。これにケーキをのせて、紅茶と一緒に出しても。直径12.5cm。

岐阜・多治見の器店の隅っこで、埃をかぶっていた皿を見つけて購入。シンプルな柄で料理を選ばず、使いやすいです。直径12cm。

微塵唐草模様が描かれた染付の皿。細やかな柄で個性が強すぎないので、料理の邪魔をしません。やや深さがあるのも盛りやすい。直径12.5cm。

デザイン　福間優子
撮影　木村 拓（東京料理写真）
校正　安久都淳子
構成・取材　広谷綾子
編集担当　足立昭子


うちの豆皿つまみ極上レシピ

編集人　足立昭子
発行人　殿塚郁夫
発行所　株式会社主婦と生活社
〒104-8357　東京都中央区京橋3-5-7
Tel. 03-3563-5321（編集部）
Tel. 03-3563-5121（販売部）
Tel. 03-3563-5125（生産部）
https://www.shufu.co.jp
ryourinohon@mb.shufu.co.jp
製版所　東京カラーフォト・プロセス株式会社
印刷所　TOPPAN クロレ株式会社
製本所　株式会社若林製本工場
ISBN978-4-391-16344-5